2001年行政事件訴訟法草案

2001年行政事件訴訟法草案

木村弘之亮 著

信 山 社

　　　　　　　は　し　が　き

　日本国民は「失われし権利の回復」を行政法の分野において強力に推進する必要がある。2001年初頭のマニフェストである。一掃すべき過去の遺風は官僚法学である。1962年に公布された行政事件訴訟法は、実効的な権利保護機能を果たしておらず、憲法の保障する裁判を受ける権利を蔑ろにしている、と今日しばしば批判されている。その最大の原因は、当時立法に参画した法律家が、信じ難いことに、国民を行政による統治の客体、つまり「行政客体」と位置づけ、憲法上保障された権利の主体として扱わない行政法体系を構築していたことに求められる。日本国憲法の採用した基本的価値判断の陽光が、行政事件訴訟法に燦々と放射されることは遂になかった。
　しかし、同法制定過程を含め、40年を経過しようとする、21世紀初頭において、国民は、新たに「公権宣言」をなし、公法上の、とりわけ行政法上の権利を有する「主体」である、ことを確認したい。
　21世紀の行政事件訴訟法は、個人の尊厳、幸福の追求、生存といった基本的価値をはじめとする、国民の権利保護をその第1次目的とすべきであろう。この目的を達成するために、人々は確かに、「法の支配」(最近の行政法学者の問題意識について、参照、小早川光郎＝高橋滋（編）『行政法と法の支配』(2000))、「法治国の原則」、「法治行政の原則」、「行政の法律適合性の原則」といった説明概念を道具として用いることができる。「行政事件訴訟法」の第1次目的は、しかし、「行政行為の違法性」、「行政行為の合法性」を審理すること

はしがき

にあるのではなく、これらの審理を通して国民の権利・自由を保護することにある。ましてや、行政事件訴訟法は、個々の公務員の責任追及を目的とするのではなく、行政活動に基づき創定された法律関係により侵害された国民の権利保護を主たる目的とする。これに加えて、21世紀の行政事件訴訟法は、前世紀には司法統制の対象から除外されていた行政内部行為、法規命令（政省令等）、行政命令（通達）、行政計画策定について、その有効性を審査対象に含めている。司法による行政の統制（行政に対する司法審査）は従来、これらの行政活動領域に及ばないとされてきた。しかし、このような聖域は、法の支配ないし法治国家の原則および司法国家の原則によっても正当化されるわけでもなく、ひとえに日本のユニークな官僚法学によって支持されているにすぎない。法の支配がすべての行政活動に及ぶべきであり、こうした行政活動により侵害された国民の権利保護が、ここでも、問題である。これらの行政活動による自己の権利の侵害を主張する申立人が、この行政事件訴訟法に基づいて申立てを提起することができる。その帰結として、行政事件訴訟法の第2次目的は、行政活動の合法性ないし有効性に関する司法統制にもある。

行政事件訴訟法により保護されうる国民の有する「権利」のもとで、行政実体法上の権利、行政手続法上の権利、行政事件訴訟法上の権利のみならず、憲法や民事法によって保障されている権利もまた理解されうるであろう。しかし、その重点は前3者に置かれることは、いうまでもないであろう。このいわゆる「公権」の範囲は、近時、行政行為の名宛人にかかる権利のみならず、二重効果を有する行政行為により事実上の利益を損なわれる場合の「権利」に拡大され、さらには行政計画、法規命令、行政命令等の有効性の存否により不服を感じる場合に侵害される「権利」にも及んでいるまたは

はしがき

及ぼすべきであろう、と考えられている。

　この「権利」について一言すると、大日本帝国憲法下に制定された行政裁判所法は「権利の毀損」をうけた者に原告適格を賦与していた。ところが、日本国憲法下に制定された行政事件訴訟法は「法律上の利益を有する者」に原告適格を賦与し、その結果、行政権利保護を求める者は、行政事件訴訟上権利の担い手（権利主体）としての地位からとおく追いやられている。「失われし権利」の回復が大きな目標である。原告適格（ないし申立適格）に関する苛酷な要件が、事実上裁判所の門を固く閉ざしている。

　従前の通説は、「行政客体」たる国民にこのような「包括的広範な権利」を賦与してきたわけではなく、行政活動の一種である行政行為のうち「処分」だけを取消の訴えの対象に据え、係争の行政行為が国民の権利・自由にいかに影響を及ぼそうとも、その行政行為が「処分」に該当しない場合には、国民の権利保護を認めようとしなかった。「極小化された処分」概念は、20世紀末に至るまで、まさにアクチオ法の機能（参照、小早川光郎『行政訴訟の構造分析』(1983) 51頁以下）を立派に果たしてきた。これと対照的に、本草案にいう行政行為とは、国民の「権利」を侵害しうる行政活動のうち、規範統制手続、計画策定統制手続および内部行為統制手続によりコントロールをうけるものを除外したものをいう（ここでは統治行為論と行政契約論を度外視する）。行政行為概念が行政事件訴訟においてアクチオと類似の役割を果たさないようにするには、「行政行為」概念は、前記のごとく、広範囲に画すべきであろう。

　国民は、憲法を具現化する行政法を理論構築することにより、憲法上保障された基本権および各種の権利を行政法のレベルにおいても享受し、従って行政事件訴訟法上もその権利保護を請求しえてしかるべきであろう。

はしがき

　ここに提案する「2001年行政事件訴訟法」草案は、このような目的を実現しうる道具となりうるよう、様々な制度を装備している。

　第一に、本草案は「法律上の争訟」概念を再確認したうえ、「行政事件」概念を明確に使用する。裁判所法第3条第1項は、「裁判所は、日本国憲法に特別の定めのある場合を除いて一切の法律上の争訟を裁判し、その他法律において特に定める権限を有する。」と規定する。これは、裁判所の権限について定めたものであるが、そこにおける「法律上の争訟」の裁判とは実質的意義における司法権を意味し、これと「その他法律において特に定める権限」とを合わせたものが形式的意義における司法権を構成する。

　司法権の固有の内容として裁判所が審判しうる対象は、裁判所法3条1項にいう「法律上の争訟」に限られ、いわゆる法律上の争訟とは、「法令を適用することによって解決し得べき権利義務に関する当事者間の紛争をいう」（参照、最一判昭和29年2月11民集8巻2号419頁←東京高判昭和24年12月5日民集3巻3号325頁。田中二郎・新版行政法上巻〈全訂第2版〉296頁）ものと解される。わが現行の制度のもとにおいては、特定の者の具体的な法律関係につき紛争の存する場合においてのみ裁判所にその判断を求めることができるのであり、裁判所がかような具体的事件を離れて抽象的に法律命令等の合憲性を判断する権限を有するとの見解には、憲法上及び法律上何等の根拠も存しない（ただし、このような伝統的見解が実質的意義における司法の観念を具体的事件性に結びつけことに対して、有力な批判がある芦部信喜「司法における権力性」基本法学6巻244頁。）

　つまり、〈1〉当事者間の具体的な権利義務に関する紛争の存在、〈2〉当該紛争が法令の適用により解決できる、という2つの要件を満たすかぎり、民事事件・刑事事件ともに、行政事件（さらには憲法事件）も司法裁判所の審査の対象となるのである。

はしがき

　行政事件訴訟法も、このような法律上の争訟の観念、司法の観念を前提として、制度を組み立てている。したがって、行政事件だからといって、「法律上の争訟」の概念に変容が加えられているのではなく、民事事件のモデルによって行政事件における法律上の争訟性も判断されることになる（参照、田中・行政法上巻296頁、兼子一＝竹下守夫・裁判法（第3版　1994年）66-67頁。）いいかえれば、行政事件訴訟法は憲法上の観念としての法律上の争訟を拡大したものでもなければ、縮小したものでもない（後者の場合には違憲の問題が生ずる）というのが本草案の基本的立場である。

　これまでの判例の中で『法律上の争訟』にあたらないとされてきたものとして、次の3つの類型を挙げることができる。

　①　抽象的に法律の効力を争う紛争事件は、かりに憲法上の争訟に該当する場合があるとしても、行政事件に該当しない（警察予備隊事件につき、最大判昭和27年10月8日民集6巻9号783頁＝行集3巻10号2061頁、最高裁判所規則に関する、最判平成3年4月19日民集45巻4号518頁）。そもそも、当事者間の具体的権利義務に係りのない紛争事件は、法律上の争訟に該当しない。もっとも、当事者の具体的権利の侵害が切迫している場合には、その法律等の効力を争う紛争事件は、法律上の争訟に該当するといえよう。なお、現行の行政事件訴訟は、そもそも、法律および条約の有効性を争う規範統制訴訟を予定していない。法律、条約および最高裁判所規則ならびに法律の委任によらない条例は、行政活動により制定されるわけではないからである。

　②　学術上・技術上・技能上の評価問題に関する紛争事件は、具体的に法律を適用して解決できないので、法律上の争訟でない。

　「裁判所法3条にいう「法律上の争訟」とは、法令を適用することによって解決することができる権利義務に関する当事者間の紛争

をいう。技術士国家試験の合格、不合格の判定は、具体的な法令を適用して解決調整できるものではないから、司法審査の対象とはならない」（最三判昭和41年2月8日民集20巻2号196頁）。本判決は裁判所の権限行使の範囲としての「法律上の争訟」が何であるかにつき先例とされている。

もっとも、学問上あるいは技術上の問題にかかる紛争事件であっても、その判定結果に影響を及ぼすような試験手続上の瑕疵（東京地判昭和38年10月2日訟月9巻10号1210頁）や決定そのものにおける事実誤認、他事考慮（司法試験の合否判定に関する東京地判昭和49年9月26日判時769号38頁）といった裁量権の濫用ないし逸脱は、当然に司法審査の対象になるのであり、その限りではその紛争は法律上の訴訟に該当する（椎名慎太郎・行政判例百選Ⅱ（第2版）354-355頁）。

③　部分社会の内部規律に係る紛争事件は、その自主的自律的な解決に委ねられているから、法律上の争訟に該当しない。地方議会議員の出席停止処分の無効確認や国立大学における単位認定行為（最判昭和52年3月2日民集3巻2号234頁）など、自律的法規範を有する社会・団体の内部規律の問題（いわゆる部分社会の内部問題）が、その例である。もっとも、部分社会の規律に係る紛争事件でも、当該行為が具体的に当事者の人権や権利義務を侵害する限りにおいて、法律上の争訟に該当する。そのうえで、裁量の統制をするという手法がとられる（在監関係につき、参照、最判昭和45年9月16日民集24巻10号1410頁、最判昭和58年6月22日民集37巻5号7911頁）。

法律上の争訟は、公法上の争訟と私法上の争訟に大別されよう。さらに、行政法上の争訟は、公法上の争訟のうち、憲法上のそれを除外したものである。前者は行政事件、後者は憲法事件という。したがって、行政事件は、行政法規を適用することによって解決し得

べき権利義務に関する当事者間の紛争をいう。ここでは、行政行為の違法性は、定義の構成要素に含まれていないことに、留意しておきたい。また、当事者間の権利義務に関する紛争が行政事件にとって問題であって、したがって、「客観的法秩序の維持」それ自体は、法律上の争訟にとっても、また行政事件にとっても、その定義上重要な要素ではありえない。そのため、日本の裁判所法は、客観訴訟ではなく、主観訴訟を指向して、行政事件訴訟法を制度設計すべきことを命じている。

二に、転轍機としての「事件の分配」という制度である。受訴裁判所は、訴えを受けたときまず初めに、その法的紛争を民事事件の途に進めるべきか、行政事件の途に進めるべきか、憲法事件の途に進めるべきか、あるいは刑事事件の途に進めるべきかについて、転轍機を用いて、決めるべきであろう（事件の分配。いわゆる権利救済の途）。民事事件として提訴された紛争が、第3審である最高裁において、行政事件として提訴すべきであったから、という理由で退けられる、といった不都合・不合理な裁判例（最大判昭和56年12月16日民集35巻10号1369頁（大阪国際空港訴訟））が見られる。提訴された争訟は、まず、いずれの類型の事件（民事事件、行政事件、憲法事件）に分配されるべきかについて、裁判所が提訴を受けた事件を一義的に分配し、必要な場合には管轄裁判所に移送すれば、かかる不合理はいとも容易く避けることができる。問題解決のための道具が、現行の裁判所法および行政事件訴訟法に欠けている。そのため、長年にわたって行政事件訴訟法は国民の権利保護を救済しない、と批判を受けていたのである。

三に、原告適格（ないし申立適格）は、それぞれの訴訟類型ごとに、その特質を考慮に入れて、理論構成すれば足りる。例えば、原告（ないし申立人）が係争の行政行為等に対し不服を感じると主張すれ

はしがき

ば、原告適格（ないし申立適格）を肯定する、といった仕組みもありうる。しかし、前述の理由から、「包括的広範囲な」権利を原告（ないし申立人）が係争の行政行為または法規命令等若しくは行政内部行為によって侵害されていると主張し、かつ疎明すれば、原告適格（ないし申立適格）は、肯定しうると理論構成することもできるであろう。

これと類似して、取消訴訟の場合の訴えの利益と確認訴訟のそれとが、同一である必要性は認められない。確認訴訟の場合における訴えの利益は、確認を求める「即時の利益」が主張疎明されれば、十分に肯定される。法律上の利益は、ここでは問題でない。

このようにするなら、国民の裁判所へのアクセスは大幅に改善されることとなり、苛酷にすぎる訴え却下の大多数は、ひとまず助けられるであろう（門戸開放）。

四に、訴訟類型は、訴訟法一般に倣っている。国民は、国家によって支配・統治される客体ではなく、国家という公共団体と同様、行政法上も権利主体である（従って、被告は国または地方公共団体等、公法上の法人）。そのため、両者は行政事件訴訟法上、対等当事者の関係にある。その限りにおいて、行政実体法における国（行政庁）と国民の関係を支配服従関係・権力関係として把握するかまたは対等の法律関係として理解するかをここではさておくとしても、行政実体法における支配服従関係・権力関係を、そのまま訴訟法においても引き継ぐことを前提とする抗告訴訟は、放逐されるべきである。行政事件訴訟法の領域においては原告と被告が対等の当事者として対峙する、と理論構成がなされるべきである。その限りにおいて、給付訴訟、形成訴訟および確認訴訟が、民事訴訟法におけると同様、行政事件訴訟法においても使用可能である。ただし、申請に係る行政行為が不作為であるケースにおいては、義務づけの訴え（給付訴

はしがき

訟の亜種)は有用である。これと類似して、申請に係る行政行為が拒否されたケースでは、取消の訴えが義務づけの訴えと併合されてはじめて、国民の権利は保護されうるから、あらたに義務づけの訴えが導入される。

このようにするなら、大多数の国民および法律家(弁護士、裁判官など)は親しみのない、不慣れな訴訟類型(すなわち、抗告訴訟、民衆訴訟、当事者訴訟、機関訴訟)にとまどうこともなくなるであろう。

五に、取消の訴えの対象(対象適格、訴訟の対象)の範囲に、本来の「処分」のほかに、行政計画、ある種の通達、一般処分、行政指導等々が含まれるか否かについて、学説および裁判例において論争が、従来みられた。行政府が法律を具体化して法創造(ソフトなそれを含む。)を行い、行政行為(いわゆる処分)と並んで、法規命令(政令・省令)、行政命令(通達等)、法律に基づく条例、行政計画等をなすことがある。「行政事件」概念から明らかになるように、これらの行政活動が国民の権利を侵害する旨を当事者が主張する場合には、この法律上の争訟は行政事件に該当するといわなければならない。そこで、本草案は、行政活動のうち、行政行為を除く活動に対する司法審査を確実にするため、本的規範統制手続および計画統制手続を制度設計している。本草案は、従前から問題の多い「対象適格」を極力避けて、事物管轄と審級管轄の新たなカテゴリーを前面に押し出し、かかる問題を抜本的に解決しようとしている。これによって現行法に比べ、遙かに国民の権利保護は保障されるであろうし、少なくとも保障の機会は確保されよう。従前は、行政計画等の紛争事件について、事件の成熟性が、判定基準として用いられることもあった。しかし、訴訟法上周知の「裁判をするのに熟する」概念ではなく、「事件の成熟性」概念は、国民の「不服の感情」か

ら遠くかけ離れた説明概念であり、国民の不服感情を逆なでするに寄与してきたに留まるのではなかろうか。

これと類似して、行政内部行為には、司法の統制（法の支配）は原則として及ばないとされてきたが、この仕組みに少しく風穴を開ける必要もあろう。その例外は、住民訴訟であった（地方自治法第242条の2）。この種の住民訴訟の対象を、国レベルの行政内部行為に拡大することが必要である（参照、行政事件訴訟法第5条、第42条）。法律に基づく適正な行政執行を求める請求権（適正行政執行請求権）がここでは侵害される。ここでも事物管轄の新しいカテゴリーが問題である。

六に、仮の権利保護および裁判後の執行に関する規定が、現行法では不備である。執行停止の効力についても、事案の特殊事情に適合する、きめ細かな規定を提案する。原則は、執行停止であるが、特則として、租税事案等については、執行不停止とその例外を規定している。行政実体法上の権力を行使しうる国等の行政庁に対し、国民が、行政事件訴訟法上対等の当事者として対峙しうるには、仮処分命令と執行停止の制度が、訴訟法上国民の利益のために整備されなければならないであろう。そもそも、行政行為が判決に関する理論構成にならって、理論構成されているのであるから、行政行為が行政不服申立または行政事件訴訟の対象に持ち込まれている間、執行停止の効力は原則として働いて差し支えないのである。下級審判決は「上訴の間」執行されることないであろう。

たしかに、仮の権利保護制度は充実すべきであろう。しかし、他方で、エネルギー政策、先端技術振興政策、安全保障政策、外交政策の分野において、執行停止または仮処分の頻発により公共の福祉に重大な影響があらわれる虞のあるとき、内閣総理大臣が非常手段を講じうる道具が、必要である。リスク社会には、安全弁が不可欠

はしがき

であろう。

　七に、行政事件を裁判する権限（行政裁判権）を有する裁判所は、最高裁判所とそのもとにある、高等裁判所および地方裁判所とからなる。一に、直ちに行政裁判所（さらには高等行政裁判所）を全国に設置することは、容易ではないであろうから、当分の間、各普通裁判所に付設する「行政部」（専門部）をもって行政裁判所に代えることとする。二に、行政法に通暁する多数の職業裁判官を直ちに見いだすことは、困難であるから、当分の間、法律に定める適格の行政法教授を兼務裁判官として用いうることとする。行政法および行政実務に通暁しない裁判官が、普通裁判権のほかに、行政裁判権を行使することは、差し控えるべきであろうといわれているからである。

　八に、参審制のもとで市民裁判員を投入する。市民の裁判過程への参加と評決権賦与により、常識はずれの結果を示すと評されることのある裁判例は、素人裁判官の良心と良識という濾過を通して、低減するであろう（市民参加型司法）。それと同時に、法意識に目覚めた成熟した「市民」が、市民裁判員の活動を通して、次第に育成されるであろう。市民社会の成熟化は、21世紀の課題のひとつである。さらに、従来「常識はずれの結果を示すと評されることのある裁判例」についても、職業裁判官が市民としての市民裁判員に対し「説明責任」を尽くすことを通じて、ひとびとはそうした裁判例についても理解を容易にしうることとなろう。裁判書の内容が、市民（市民裁判員）から容易に理解と納得を得られるように、改善されることも期待されるであろう（説明責任）。司法に理解を示し裁判に関与する市民の層が厚みを増すことは、司法の民主主義の重要な礎のひとつである（司法の民主化）。

　九に、国民の権利保護と裁判の迅速化のために、新たな訴訟代理人・補佐人制度を行政事件訴訟法に導入すべきである。この場合に

はしがき

おいて、行政法や社会法に通暁した法律家が、弁護士と並んで、訴訟において代理権を認められる。弁護士が行政法や社会法に通暁しない場合、その弁護士が国民の権利保護に奉仕しうるといえるであろうか。司法試験科目から行政法、社会法が除外されているからである。しかし、他方で、行政法、社会法に通暁した法律家（行政書士、税理士、公認会計士、社会保険労務士等）で法廷活動をなす能力を有する者を教育するための環境を整備しなければならないであろう。

さらに、高等裁判所および最高裁判所における弁護人強制制度が必要であろう。法律扶助制度を背景にして、実効性のある権利保護と裁判の迅速化がこれにより図られる。

十に、行政事件訴訟においても、情報、証拠は最大の攻撃武器のひとつである。ところが、国または地方公共団体その他の公法上の法人のもとにある各種の情報および証拠方法（証拠物件）を、原告国民の側で民事訴訟の例により調達することは、容易でない。迅速な証拠調べによる真実の発見は、行政事件訴訟においては、民事訴訟にまして、重要かつ必要であろう。職権探知主義に勝るルールが、別に確立しているならば、または、別なルールを提案しうるならば、それを導入して差し支えない。次善の得策として、ここでは職権探知主義を採用する。さらに、司法共助と並んで行政共助もまた有用であろう。

最後に、しかし劣後するものではないが、手続の迅速化と簡素化並びに徒な長期化を防止するのために、各種の措置が講じられている。審級管轄、集中審理、モデル手続および略式判決がその例である。例えば、原告適格（ないし申立適格）および訴えの対象適格の範囲が、前叙のようにして、拡大されることによって、裁判所の本案処理事件が急増するであろう。このため、裁判所の仕事負担増に備えて、迅速な裁判の実現を目的とする「略式判決」の制度が準備さ

はしがき

れている。裁判所への門前払いではなく、本案の判決と同じ効力を有するこの「略式判決」は、一定の要件のもとで、口頭弁論を経由することなく、市民裁判員の協力を得ずに、判決されるものである。上告の制限のほかに控訴の制限により、裁判所の負担軽減と裁判の迅速化および弁論の集中を図ることとする。さらに、不服申立制度は、処分庁が不服申立を容認して係争の行政行為を是正・更正しない場合には、そのまま引き続いて直近上級庁がその不服申立を審査し、容認または棄却の裁決をなす（事実上の1審制）。これにより、不服申立の2審制から生ずる諸問題（長期間の解決等）は緩和されるであろう（前置手続の迅速化と簡素化）。

慶應義塾大学法学部にて永年にわたり行政法の講座（とくに行政救済法）を担当させていただき、大変な栄誉に浴している。にもかかわらず、行政権利保護法の体系書を公にするに至らなかった。行政法の分野において現在普及している学説および判例が、あまりに国民の権利自由を軽視する傾向にあり、さらに、現行の行政事件訴訟法そのものが、国民の権利保護を指向して法解釈を施すことを阻んでいる。この事情のため、法律解釈論を市民の権利保護のために展開しようにも、また執筆しようにも、それは容易ならざることであった。現行の行政事件訴訟法が、その制度設計に用いた理論構成のせいで、日本国憲法の保障する基本権や権利を蔑ろにしすぎてきたきらいがあるからである。制度の部分改正では足りず、全面的な制度改革が必要である。本草案は、1998年ドイツ行政裁判所法を参照して、日本の問題状況を抜本的に解決し得るようにさらに工夫を加えている。聖域は設けられていない。同時に、裁判の実行可能性をも重視している。

司法改革の荒波がようやく日本にも押し寄せてきた。司法改革に

はしがき

とどまらず、日本国のありようを問う構造改革が強く求められているのであろう。政治家が主導して立法の責務を果たそうと意欲を燃やしておられる。立法に情熱を注ごうとされる政治家の方々は、今後は、官僚の方々の協力を要することは言うまでもないとしても、かれら意のままに振り回されることの無いよう、現実社会における人々の生活状況や問題点を直視されたうえ、自己の政治的見識や価値観に合致する立法法律家（法律学者や弁護士等）から知識サービスを直截に求められることとなろう。政治家と官僚の相互関係は、立法法律家を介して、よりよく改善されるであろう。そうだとすると、日本の未来はきわめて明るい。

最後に、慶應義塾大学法学部法学研究編集委員会には、法学研究74巻1号、2号、4号および5号からの転載につき、ご海容をいただいている。原稿のワープロ入力に尽力してくださった佐賀由美子秘書に感謝の意を表する。また、出版を快諾してくださった信山社の袖山貴氏に敬意と謝意を表する。

行政訴訟法の基礎理論を営々と構築・紹介してくださった偉大なご業続のうえに、本草案は成りたっている。日本公法学会の会員諸兄、とりわけ多大な貢献をしてくださった皆様には深尽の謝意を表する。また、恩師金子芳雄先生の在外研究中の学部生の頃は市原昌三郎先生から、さらに、大学院生の頃には、金子先生・市原先生のほか、田上穣治先生・塩野宏先生からも行政法を懇切にご教授いただいた。とりわけ、塩野先生の論旨明快かつ隣接社会科学の学識の滲み出るご講義を拝聴させていただいたのが、おそらくは、拙草案の契機の一つであろう。

塩野宏先生の古稀をお祝いして、本書を捧げさせていただきたい。大きな学恩にはとうてい報いることもできないので、誠に恐縮でございます。お釈迦様は「38 ある幸せ（曼陀羅）」のひとつとして

「尊敬すべき者を尊敬する」を挙げておられます。　　梵天の懇請（はしがき）

2001年1月4日
　　　　　　　　三田研究室にて
　　　　　　　　　　　　　　木村弘之亮

目　次

[頁数の太字は提案理由の該当頁を示す]

はしがき

第1部　2001年行政事件訴訟法草案 ……………… *1*

第1編　総　則 …………………………………… *1*,85

第1条〔この法律の趣旨〕（*1*,85)
第2条〔解釈規定〕（*1*,87)

第2編　裁判所の構成 …………………………… *1*,89

第1章　裁　判　所 …………………………… *1*,89

第3条〔独　立〕（*1*,89)
第4条〔行政裁判権のある裁判所と審級〕（*1*,90)
第5条〔専門部の設置と廃止〕（*2*,91)
第6条〔地方裁判所に属する部の構成〕（*2*,92)
第7条〔単独裁判官〕（*2*,93)
第8条〔高等裁判所に属する部の構成〕（*3*,93)
第9条〔司法共助および行政共助〕（*3*,94)

第2章　裁　判　官 …………………………… *4*,95

第10条〔本務裁判官・任命〕（*4*,95,97)
第11条〔兼務裁判官〕（*4*,95,97)
第12条〔判事補・受託裁判官〕（*4*,95,98)

目　次

第3章　市民裁判員 …………………………… *4* ,98

第13条〔法的地位〕（*4* ,98,99）
第14条〔要　件〕（*4* ,98,99）
第15条〔欠格事由〕（*5* ,98,100）
第16条〔障害事由〕（*5* ,98,100）
第17条〔拒否事由〕（*5* ,98,101）
第18条〔解　任〕（*6* ,98,101）
第19条〔選　任〕（*6* ,98,102）
第20条〔選任委員会〕（*7* ,98,102）
第21条〔市民裁判員の員数〕（*7* ,98,102）
第22条〔候補者名簿〕（*7* ,98,102）
第23条〔選任手続〕（*8* ,98,102）
第24条〔招集順序と予備名簿〕（*8* ,98,103）
第25条〔補償手当〕（*8* ,98,103）
第26条〔過　料〕（*8* ,98,103）
第27条〔高等裁判所での市民裁判員〕（*9* ,103）

第4章　行政事件の分配及び管轄 ……………… *9* ,104

第28条〔事件の分配〕（*9* ,104,112）
第29条〔事件の分配についての裁判〕（*9* ,112,）
第30条〔行政事件の分配〕（*10* ,113）
第31条〔移送の効果、費用〕（*10* ,116）
第32条〔取消の訴え・義務づけの訴え〕（*11* ,117）
第33条〔確認の訴え〕（*11* ,123）
第34条〔訴えの客観的併合〕（*11* ,124）
第35条〔行政庁の手続行為に対する権利救済〕（*12* ,126）

第 36 条〔地方裁判所の事物管轄〕（*12*, 126）
第 37 条〔高等裁判所の審級管轄〕（*12*, 127）
第 38 条〔内部行為統制手続に関する高等裁判所の管轄〕
　　　　（*12*, 127）
第 39 条〔規範統制手続に関する高等裁判所の管轄〕
　　　　（*13*, 128）
第 40 条〔行政計画統制手続に関する高等裁判所の管轄〕
　　　　（*16*, 130）
第 41 条〔最高裁判所の管轄——上訴〕（*16*, 131）
第 42 条〔始審かつ終審の最高裁判所の管轄〕（*16*, 132）
第 43 条〔結社禁止の訴えに関する手続の中断〕（*16*, 132）

第 5 章　土地管轄 …………………………………… *17*, 133

第 44 条〔地方裁判所の土地管轄〕（*17*, 133）
第 45 条〔管轄裁判所の指定〕（*18*, 134）

第 3 編　手　　続 …………………………………… *19*, 135

第 1 章　一般的手続規定 …………………………… *19*, 135

第 46 条〔裁判所職員の除斥及び忌避〕（*19*, 135）
第 47 条〔送　達〕（*19*, 135）
第 48 条〔多数当事者手続における公示送達〕（*20*, 136）
第 49 条〔期　間〕（*21*, 137）
第 50 条〔権利救済の教示〕（*21*, 137）
第 51 条〔行政庁の教示義務〕（*21*, 138, 139）
第 52 条〔期間徒過の原状回復〕（*21*, 139）
第 53 条〔当事者能力〕（*22*, 140）

目　次

　　第54条〔訴訟能力〕（*22*,141）

　　第55条〔当事者〕（*23*,141）

　　第56条〔訴えの主観的併合〕（*23*,142）

　　第57条〔訴訟参加〕（*23*,143）

　　第58条〔参加人の地位〕（*24*,145）

　　第59条〔訴訟代理人及び補佐人〕（*24*,145）

　　第60条〔共同代理人〕（*26*,146）

第2章　取消の訴え及び義務づけの訴えに関する特別規定 ……………………………………*27*,146

　　第61条〔不服申立前置手続〕（*27*,146,147）

　　第62条〔不服申立前置手続の開始〕（*27*,149,150）

　　第63条〔不服申立の形式と期間〕（*27*,149,150）

　　第64条〔聴　聞〕（*28*,149,150）

　　第65条〔不服容認裁決〕（*28*,149,151）

　　第66条〔不服審査裁決〕（*28*,149,151）

　　第67条〔出訴期間〕（*28*,152）

　　第68条〔不服審査裁決を要しない訴え―不行為の訴え〕
　　　　　（*29*,153）

　　第69条〔不服申立手続の排他性〕（*29*,154）

　　第70条〔被　告〕（*29*,154）

　　第71条〔取消の訴えの対象〕（*30*,155）

　　第72条〔執行停止の効力―即時執行命令〕（*30*,155）

　　第73条〔二重効果を有する行政行為の場合の仮の権利
　　　　　保護〕（*32*,159）

　　第74条〔執行停止効果の消滅及び継続〕（*33*,159）

目　次

第 3 章　第 1 審裁判所における手続 …………34, 159

第 75 条〔訴えの提起〕（34, 159）

第 76 条〔訴状の内容〕（34, 161）

第 77 条〔管　轄〕（34, 161）

第 78 条〔略式判決〕（35, 162）

第 79 条〔訴状の送達〕（35, 163）

第 80 条〔職権探知主義──証拠申出──準備書面〕
　　　　（36, 164）

第 81 条〔口頭弁論の準備〕（36, 164）

第 82 条〔準備手続における裁判〕（37, 165）

第 83 条〔時期に遅れた攻撃防御方法の排除〕（38, 166）

第 84 条〔訴えの請求に対する拘束〕（39, 167）

第 85 条〔反　訴〕（39, 167）

第 86 条〔訴訟係属〕（39, 169）

第 87 条〔訴えの変更〕（39, 169）

第 88 条〔訴えの取下げ〕（40, 170）

第 89 条〔手続の併合又は分離、関連請求〕（40, 171）

第 90 条〔モデル手続〕（41, 172）

第 91 条〔手続の中断〕（42, 172）

第 92 条〔本人出頭〕（42, 173）

第 93 条〔直接の証拠調べ〕（42, 174）

第 94 条〔証拠収集の当事者開示〕（43, 174）

第 95 条〔証拠調べ〕（43, 175）

第 96 条〔行政庁の文書提出義務及び情報提供義務〕
　　　　（43, 175）

第 97 条〔記録の閲覧〕（44, 178）

目　次

第98条〔口頭弁論主義〕（44,179）

第99条〔呼　出〕（45,179）

第100条〔口頭弁論の進行〕（45,180）

第101条〔紛争事件の討議〕（45,181）

第102条〔口頭弁論調書〕（46,181）

第103条〔和　解〕（46,182）

第4章　判決及びその他の裁判　………………46,183

第104条〔終結判決〕（46,183）

第105条〔自由心証主義〕（46,183）

第106条〔中間判決〕（46,183,184）

第107条〔事情判決〕（47,185）

第108条〔一部判決〕（47,185,186）

第109条〔原因判決〕（47,185,186）

第110条〔判決裁判所の構成〕（48,187）

第111条〔取消の訴え及び義務づけの訴えの場合の判決〕（48,188）

第112条〔行政庁の裁量〕（49,190）

第113条〔不服審査裁決の取消の訴え〕（50,192）

第114条〔判決の告知と送達〕（50,193）

第115条〔判決書の形式と内容〕（50,194）

第116条〔判決の訂正〕（52,195）

第117条〔事実の訂正を求める申立て〕（52,196）

第118条〔判決の補充〕（52,197）

第119条〔判決の実質的既判力〕（52,197）

第120条〔決定の準用規定〕（53,198）

目　次

第5章　仮処分 …………………………………… *53*, 199

第121条〔仮処分命令〕（*53*, 199）
第122条〔内閣総理大臣の異議〕（*54*, 203）

第4編　上訴及び再審 …………………………… *55*, 205

第1章　控　訴 …………………………………… *55*, 205

第123条〔控訴の受理──受理理由〕（*55*, 205, 206）
第124条〔控訴の受理手続〕（*55*, 206）
第125条〔控訴手続──不受理抗告〕（*56*, 207）
第126条〔取下げ〕（*56*, 207）
第127条〔附帯控訴〕（*57*, 208）
第128条〔審理の範囲－新たな提出〕（*57*, 209）
第129条〔新しい説明と証拠方法〕（*57*, 211）
第130条〔申立てに対する拘束〕（*58*, 211）
第131条〔破棄差戻し〕（*58*, 212）
第132条〔決定による全会一致の裁判〕（*58*, 212）
第133条〔引用判決〕（*58*, 213）

第2章　上　告 …………………………………… *59*, 214

第134条〔上告の受理〕（*59*, 214）
第135条〔不受理抗告〕（*60*, 215）
第136条〔飛躍上告〕（*60*, 216）
第137条〔控訴禁止の場合の上告〕（*61*, 217）
第138条〔上告理由〕（*61*, 217）
第139条〔絶対的上告理由〕（*62*, 219）

第140条〔上告期間―理由書提出期間―形式〕(*63*,219)
第141条〔取下げ〕(*63*,220)
第142条〔上告手続〕(*64*,221)
第143条〔訴えの変更・訴訟参加の不許〕(*64*,221)
第144条〔適合要件の審査〕(*64*,221)
第145条〔上告についての裁判〕(*64*,222)

第3章 抗　　告 ……………………………… *65*,222

第146条〔抗告の適法性・許可抗告〕(*65*,222)
第147条〔抗告の提起〕(*66*,223)
第148条〔地方裁判所による更正又は高等裁判所への移送〕(*67*,223)
第149条〔執行停止の効力〕(*67*,224)
第150条〔決定による裁判〕(*67*,224)
第151条〔異議の申立て〕(*67*,225)
第152条〔最高裁判所への抗告の禁止〕(*67*,225)

第4章 再　　審 ……………………………… *68*,226

第153条〔再 審〕(*68*,226)

第5編　費用及び執行 ……………………………… *69*,229

第1章 費　　用 ……………………………… *69*,229

第154条〔費用負担義務の原則〕(*69*,229)
第155条〔一部勝訴・取下げ、回復、移送、故意過失の場合の費用負担義務〕(*69*,229)
第156条〔即時認諾の場合の費用負担義務〕(*70*,230)

第 157 条〔費用の裁判に対する取消請求〕（*70*, 231）
第 158 条〔共同訴訟の場合の費用負担義務〕（*70*, 232）
第 159 条〔和解の場合の負担〕（*70*, 232）
第 160 条〔費用裁判・解決・不作為の訴え〕（*71*, 233）
第 161 条〔償還を受けうる費用〕（*71*, 234）
第 162 条〔費用の確定〕（*71*, 235）
第 163 条〔費用確定の異議の申立〕（*72*, 236）
第 164 条〔訴訟上の救助〕（*72*, 237）

第 2 章 執　　　行 ………………………… *72*, 237

第 165 条〔適用規定・管轄・仮の執行権〕（*72*, 237）
第 166 条〔債務名義〕（*72*, 238）
第 167 条〔公法上の権利主体のための執行〕（*73*, 239）
第 168 条〔公法上の権利主体に対する執行〕（*73*, 240）
第 169 条〔執行文〕（*74*, 241）
第 170 条〔行政庁に対する罰金刑〕（*74*, 241）

第 6 編　経　過　規　定 ………………………… *74*, 243

第 171 条〔民事訴訟法及び裁判所法の準用〕（*74*）
第 172 条〔行政裁判所〕（*75*）
第 173 条〔憲法裁判所〕（*75*）
第 174 条〔最高裁判所規則への委任〕（*75*）
第 175 条〔施行期日〕（*76*）
第 176 条〔経過規定〕（*76*）

目　次

第2部　2001年行政事件訴訟法草案の提案理由
………………………………………………………………… *77*

 1 行政裁判権の発展 ………………………………… *77*
 2 国の立法管轄権 …………………………………… *78*
 3 草案の構造と方法論 ……………………………… *81*

事項索引（巻末）

第1部 2001年行政事件訴訟法草案

第1編 総　則

第1条〔この法律の趣旨〕

　この法律は、国、地方公共団体その他の公法上の法人（以下単に「国等」という。）の行政活動に関し、権利の侵害を主張する国民に対して、広く国等に対する訴えのみちを開くことによって、国民の権利自由を保護することを目的とする。

第2条〔解釈規定〕

① この法律のいかなる規定も、憲法の精神に則り、各行政分野の基本法の趣旨を斟酌して、解釈しなければならない。

② 市民裁判員もまた、法令を解釈し、事実を認定するに当たり、その良心に従い、独立してその職務を遂行し、憲法及び法律にのみ拘束される。

第2編　裁判所の構成

第1章　裁判所

第3条〔独立〕

　行政庁から分離した裁判所が、行政事件（第30条第1項）を裁判する権限（これを「行政裁判権」という。）を行使する。

第4条〔行政裁判権のある裁判所と審級〕

　行政裁判権のある専門部（以下単に「部」という。）は、憲法に定める最高裁判所のもとに、高等裁判所及び地方裁判所に置く。

第1部　2001年行政事件訴訟法草案

第5条〔専門部の設置と廃止〕

次に掲げる事項は、別に法律でこれを定める。

一　地方裁判所又は高等裁判所に属する部の設置及び廃止
二　裁判所に属する部の所在地の異動
三　裁判所に属する部の管轄区域の変更
四　数個の地方裁判所の管轄区域にわたる、各専門分野を、一の地方裁判所に属する部に配分すること
五　地方裁判所又は高等裁判所に属する部（巡回部を含む。）を、他の場所に設置すること
六　従来の規定によれば管轄が成立しない場合に、第1号、第3号及び第4号による措置があるとき、係属手続を他の裁判所に移送すること

第6条〔地方裁判所に属する部の構成〕

① 各地方裁判所に属する部は、部長及び相応な員数の裁判長その他の裁判官でこれを構成する。

② 地方裁判所に、部を置く。

③ 地方裁判所の部は、1人の裁判官が裁判する場合を除くほか、3人の裁判官及び2人の市民裁判員の構成で、裁判をする。ただし、口頭弁論を経ない決定及び略式判決（第78条）に市民裁判員は関与しない。

第7条〔単独裁判官〕

① 部は、次に掲げる各号のいずれにも該当する場合、通例、その構成員の1人を単独裁判官として法的紛争を裁判するよう委託するものとする。

一　事件が事実上又は法律上の観点から特に難しくないとき。
二　法律問題が基本的な意義をもたないとき。

判事補は任命後5年以内には単独裁判官になることはできない。
② 法的紛争は、すでにその部において口頭弁論が行われた場合には、1人の裁判官に委託してはならない。ただし、その間に一部判決又は中間判決若しくは事情判決がなされたときは、その限りでない。
③ 訴訟状態が著しく変化して、その法的紛争が基本的な意義をもつに至ったか又はその事件が事実上又は法律上の観点から特に難しくなったとき、単独裁判官は、当事者を尋問した後、法的紛争を部に差し戻すことができる。
④ 第1項及び第3項による決定に対しては、不服を申し立てることができない。単独裁判官への委託をしないことを理由に、法的救済を提起することはできない。

第8条〔高等裁判所に属する部の構成〕
① 高等裁判所に属する部は、部長及び相応な員数の裁判長その他の裁判官からなる。
② 高等裁判所に、部を置く。
③ 高等裁判所に属する部は、3人の裁判官及び2人の市民裁判員の構成で、裁判をする。口頭弁論を経ない決定及び略式判決（第78条）に市民裁判員は関与しない。

第9条〔司法共助および行政共助〕
すべての裁判所及び行政庁は、行政裁判権のある部に対して、司法共助及び行政共助をする。

第2章　裁判官

第10条〔本務裁判官・任命〕

　裁判官は、第11条及び第12条において別段の定めがある場合を除いて、憲法第80条第1項並びに裁判所法第40条から第42条までの規定及び同法第50条の規定に基づいて、任命される。

第11条〔兼務裁判官〕

　高等裁判所及び地方裁判所においては、他の裁判所の終身任命された裁判官及び別に法律で定める適格行政法教授を、その本務の任期中2年以上一定の期間、兼務裁判官に任命することができる。

第12条〔判事補・受託裁判官〕

　地方裁判所においては、判事補又は受託裁判官を用いることができる。

第3章　市民裁判員

第13条〔法的地位〕

　市民裁判員は、裁判官と同等の権利をもって、口頭弁論、評議及び評決に関与する。

第14条〔要　件〕

　市民裁判員は日本国民であることを要する。市民裁判員は、年齢満30歳以上の者で、その選任の前1年間引き続きその裁判所の管轄区域内に住所又はその者の就業場所を有するものとする。

第15条〔欠格事由〕

次の者は、市民裁判員の職に任命することができない。

一　判決の結果、公職につく資格を失った者、又は故意若しくは過失による犯行により禁錮6月以上の刑を言い渡された者

二　公職につく資格の喪失を生ぜしめるおそれのある犯行を理由に、起訴された者

三　地方公共団体の議会の議員の選挙権（公職選挙法第9条第2項）を有していない者

第16条〔障害事由〕

次の者は、市民裁判員に招聘することができない。

一　国会、地方公共団体の議会、中央政府又は地方公共団体の政府の構成員

二　裁判官

三　国家公務員及び地方公務員

四　自衛隊法第2条第5項に規定する隊員

五　弁護士、公証人その他第三者のため法律事務を処理することを業とする者

第17条〔拒否事由〕

① 次の者は、市民裁判員職の招聘を拒むことができる。

一　参審員及びその他の市民裁判員

二　行政裁判権のある裁判所に市民裁判員として、8年間以上勤務した者

三　医師、看護人、助産婦

四　薬剤師を雇用していない主任薬剤師

五　年齢満65歳を超える者

② 前項に定めるほか、特別の苛酷な事情がある場合には、申立て

により、その職を引き受けることを免ずることができる。

第18条〔解 任〕

① 市民裁判員は、次のいずれかの場合には、その職を解かれる。

一　第14条から第16条までの規定により、招聘することができなくなったとき、又は招聘することができなくなるとき

二　職務上の義務に著しく違反したとき

三　第17条第1項の規定による拒否の事由を主張するとき

四　職務の遂行に相応な精神的又は肉体的能力をもはや保持していないとき

五　裁判所の管轄区域に住所又は就業場所を有しなくなったとき

② 前項に定めるほか、特別の苛酷な事情がある場合には、申立てにより、引き続き職務を行うことを免ずることができる。

③ 高等裁判所に属する部は、第1項第1号、第2号及び第4号の場合には、地方裁判所の部長の申立てにより、第1項第3号及び第5号並びに前項の場合には、当該市民裁判員の申立てにより、裁判をする。この裁判は、当該市民裁判員を尋問して、決定で行う。この裁判に対しては、不服を申し立てることができない。

④ 前項は、第17条第2項の場合に準用する。

⑤ 高等裁判所に属する部は、控訴が第15条第2号により提起されたとき、及び被告人が確定判決をもって免訴の宣告を受け、又は無罪の言渡しを受けたときは、当該市民裁判員の申立てにより、第3項による裁判を取り消さなければならない。

第19条〔選 任〕

市民裁判員は、地方裁判所ごとに候補者名簿（第22条）に基づき選任委員会によって4年の任期をもって選任される。

第 20 条〔選任委員会〕

① 各地方裁判所に、市民裁判員を選任するための委員会を置く。

② 委員会は、委員長としての地方裁判所の部長、陪席委員としての都道府県により指名された 1 人の行政官及び 7 人の委託委員からなる。委託委員及びその代理人 7 人は、当該地方裁判所の管轄区域の住民の中から、都道府県議会若しくは都道府県議会によって指定された都道府県議会委員会により、又は都道府県条例の定めるところにより、選任される。委託委員及びその代理人は、市民裁判員としての任用要件を充たすことを要する。都道府県は、行政官の指定の権限について、規則によって第 1 文の規定と異なる定めをすることができる権限を有する。都道府県は、この権限を都道府県の最上級行政庁にゆだねることができる。

③ 委員会は、少なくとも委員長、行政官及び 3 人の委託委員が出席するとき、議決をすることができる。

第 21 条〔市民裁判員の員数〕

各地方裁判所に必要な市民裁判員の員数は、部長が、あらかじめ各員の招集が年間 12 通常開廷日以下にとどまるように定める。

第 22 条〔候補者名簿〕

郡及び郡に含まれない市町村(東京都の特別区を含む。以下単に「市町村」という。)は、4 年ごとに、市民裁判員の候補者名簿を作成する。委員会は、各市町村に、候補者名簿に登載されるべき候補者の員数を定める。この場合には、第 21 条の規定により必要とされる市民裁判員の 3 倍の数を基礎としなければならない。無作為に抽出された候補者のうち、名簿への登載については、市町村の議会の議員の法定数の 3 分の 2 以上の同意を必要とする。候補者名簿には、候補者の氏名のほか、出生地、出生日及び職業を記載するものとす

る。候補者名簿は、管轄地方裁判所の部長に送付しなければならない。

第23条〔選任手続〕

① 委員会は、3分の2以上の多数決をもって、候補者名簿から相応な員数の市民裁判員を選任する。

② 従前の市民裁判員は、改選の時まで、その職にあるものとする。

第24条〔招集順序と予備名簿〕

① 地方裁判所に属する部の幹部会は、事業年度の開始に先立ち、市民裁判員を法廷に招集する順序を定める。各部のために、12人以上の氏名を記載することを要する名簿を作成しなければらない。

② 予測することができない支障のある場合に代理人を招集するために、裁判所所在地又はその周辺に居住する市民裁判員からなる予備名簿を作成することができる。

第25条〔補償手当〕

市民裁判員及び委託委員（第20条）は、市民裁判員の補償手当に関する法律の規定に従って、補償手当を受領する。

第26条〔過 料〕

① 市民裁判員が、十分な免責の理由がないにもかかわらず、所定の日時に法廷に在廷せず、又はその他の態様でその義務を怠ったときは、その者を過料に処すことができる。右の場合に、義務を怠ったことにより生じた費用の負担を同時に課すことを妨げない。

② 裁判長が前項の決定をする。後に免責がなされたときは、裁判長は、決定の全部又は一部を取り消すことができる。

第 27 条〔高等裁判所での市民裁判員〕

　高等裁判所での市民裁判員について、第 13 条から第 26 条までの規定を準用する。

第 4 章　行政事件の分配及び管轄

第 28 条〔事件の分配〕

①　提訴を受けた事件（行政事件、憲法事件、民事事件を総称して、以下本章では「事件」という。）の管轄裁判所への分配は、訴訟係属後に生じた事情の変更によっては、影響を受けない。訴訟係属中はいずれの当事者もその事件を他の裁判所に係属させることはできない。

②　適法な分配を受けた事件の裁判所は、問題となっている法的観点すべてを考慮して、その法的紛争を裁判する。

第 29 条〔事件の分配についての裁判〕

①　一の裁判所が、提訴を受けた事件の分配について、確定判決で、適法としたとき、他の裁判所はこの裁判に拘束される。

②　提訴を受けた事件の分配が不適法であるとき、裁判所は、職権により、当事者を尋問したのち、これを言渡し、同時にその法的紛争を、適法な分配をした事件につき管轄裁判所に移送する。数個の裁判所が管轄権を有するとき、原告又は申立人の選択する裁判所に移送する。その者が選択しないときには、裁判所がこれを決める。この決定は、その事件の分配に関して、その法的紛争の移送を受けた裁判所を拘束する。

③　提訴を受けた事件の分配が適法であるとき、裁判所はまずその旨を言い渡す。一の当事者が事件分配の適法か否かについて責問するとき、裁判所はあらかじめ裁判をしなければならない。

④　第2項及び第3項の規定による決定は、口頭弁論を経ないで行う。その決定には理由を付さなければならない。この決定に対しては、それぞれ適用されるべき訴訟法の規定により、即時抗告をすることができる。当事者は、高等裁判所の決定に対する抗告を最高裁判所に提起することができる。ただし、この抗告がその決定のなかで受理されている場合に限る。抗告は、その法律問題が基本的な意義を有するとき、又はその裁判所が最高裁判所の判例と相反する判断をするとき、受理しなければならない。

⑤　本案の裁判に対する上訴を裁判する裁判所は、その控訴を受けた事件の分配が適法か否かについて、審理しない。

第30条〔行政事件の分配〕

①　行政裁判権のある部への行政事件の分配は、事件が法律により明文をもって他の裁判所に分配されている場合を除いて、憲法上の争訟を除くすべての公法上の争訟（これを、この法律では、「行政事件」という。）について、行われる。

②　公共の福祉のためにする犠牲的行為に基づく財産権上の請求及び公法上の寄託に基づく財産権上の請求並びに公法契約に基因しない公法上の義務違反に基づく損害賠償請求については、民事事件として権利保護を受ける。公務員法の特別規定及び違法な行政行為の撤回を理由とする財産的損失の塡補を求める訴えについても、同様とする。

第31条〔移送の効果、費用〕

①　移送決定の確定後、その法的紛争は、決定で表示された裁判所への書類の到達と同時に係属する。訴訟係属の効力は依然としてそのままである。

②　法的紛争が別な裁判所に移送されるとき、先行の裁判所にお

ける手続の費用は、当該法的紛争の移送を受けた裁判所で生じた費用の一部として取り扱われる。これにより生じた追加の費用は、原告が本案で勝訴するときも、原告もまた分担しなければならない。

第32条〔取消しの訴え・義務づけの訴え〕

① 訴えにより、行政行為の取消し（取消しの訴え）並びに拒否された行政行為又は不作為の行政行為の発給を求める判決（義務づけの訴え）を請求することができる。

② 法律に別段の定めがある場合を除くほか、原告が行政行為又はその拒否若しくはその不作為によりその権利を侵害されていると主張するときに限り、訴えは適法とする。

③ 行政委員会及び裁判外紛争処理機関のした裁決は、別に法律で定めがある場合を除いて、行政行為として取り扱う。

第33条〔確認の訴え〕

① 訴えにより、原告が即時の確認について正当な利益を有するときは、法律関係の存否又は行政行為の無効若しくは不作為の違法（第68条）の確認を請求することができる（確認の訴え）。

② 原告が形成の訴え又は給付の訴えによりその権利を訴求することができるとき又はこれを訴求することができたときには、確認は請求できない。ただし、行政行為の無効の確認を請求するときは、この限りでない。

第34条〔訴えの客観的併合〕

原告は、数個の訴えの請求が同一の被告に向けられ、互いに関連しており、かつ、同一の裁判所の管轄に属するときは、これらの請求を一の訴えですることができる。

第35条〔行政庁の手続行為に対する権利救済〕

　行政庁の手続行為に対する権利救済は、本案の行政行為に対して許される権利救済と一緒にのみ同時に主張することができる。ただし、行政庁の手続行為が執行されうる場合又は当事者以外の者に対してなされる場合は、この限りでない。

第36条〔地方裁判所の事物管轄〕

　地方裁判所に属する部は、行政事件の分配を受けるすべての争訟について、法律に別段の定めがある場合を除くほか、第1審として裁判をする。

第37条〔高等裁判所の審級管轄〕

　高等裁判所に属する部は、次に掲げる上訴について、裁判をする。
一　地方裁判所に属する部の判決に対する控訴
二　地方裁判所に属する部のその他の裁判に対する抗告

第38条〔内部行為統制手続に関する高等裁判所の管轄〕

　①　高等裁判所に属する部は、その裁判権のある範囲において、納税者たる資格その他の資格で提起する申立てにより、とくに、次に掲げる行政内部行為の合法性について、裁判をする。
一　国の納税者の申立てにより、会計検査院法第29条の規定に基づく検査報告、同法第34条に規定する是正改善の処置命令又は同法35条第2項に規定する措置について、その各目的物
二　地方公共団体の住民の申立てにより、地方自治法第242条の2の規定に掲げる措置

　②　行政内部行為若しくはその執行によって自己の権利を侵害され、又は近い将来に侵害を受けるであろう旨を主張するすべての自然人又は法人及びすべての行政庁は、その内部行為を知った日から

2年以内に申立てを提起することができる。この申立ては、その内部行為をした国、地方公共団体その他の公法上の法人を被申立人とする。高等裁判所に属する部は、行政内部行為によりその権限に影響を受ける国、地方公共団体その他の公法上の法人に対して、指定する期間内に意見を述べる機会を与えることができる。

③ 行政内部行為が専ら他の裁判所によって、その合法性について審理をうけることが法律に定められている場合を除いて、高等裁判所に属する部は、その内部行為が法律又は条例に適合するか否かについて審理する。

④ 行政内部行為の合法性を審理する手続が他の裁判所に係属している場合には、高等裁判所に属する部は、その裁判所における手続が完結するまで弁論を中断することを命ずることができる。

⑤ 高等裁判所に属する部は、判決で、又は口頭弁論を不要と認めた場合には決定で、裁判をする。高等裁判所に属する部は、その行政内部行為が合法でないとの心証を得たとき、これを違法と宣言する。この場合には、この裁判は、一般的な拘束力を有し、かつ、その裁判書は、被申立人により公示されなければならない。第1項第1号及び第2号に掲げる行政内部行為について確認された瑕疵が、被申立人によって是正されることができる場合、高等裁判所は、当該瑕疵が是正されるまで当該行政内部行為を合法でないと宣言する。第3文を準用しなければならない。

⑥ 重大な不利益を予防するため、又はその他の重大な事由により急速の必要があるとき、裁判所は、申立てにより、仮処分を命ずることができる。

第39条〔規範統制手続に関する高等裁判所の管轄〕

① 高等裁判所に属する部は、その裁判権のある範囲において、

第 1 部　2001 年行政事件訴訟法草案

申立てにより、次に掲げる法規命令又は行政命令の有効性について裁判をする。

　一　法律に定める委任に基づき制定される政省令その他の法規命令

　二　政省令がこれを定める限りにおいて、政省令の下位にある告示その他の法規命令

　三　法律に定める委任に基づき制定される条例

　四　条例がこれを定める限りにおいて、条例の下位にある規則その他の法規命令

　五　国家行政組織法第 14 条第 2 項の規定に基づく訓令又は通達（以下、「行政命令」という。）

②　前項に掲げる法規命令及び行政命令若しくはその適用によって自己の権利を侵害され、又は近い将来に侵害を受けるであろう旨を主張するすべての自然人又は法人及びすべての行政庁は、当該法規命令及び行政命令を知るに至った日から 2 年以内に申立てを提起することができる。この申立ては、その法規命令及び行政命令を公布した国等を被申立人とする。高等裁判所に属する部は、法規命令及び行政命令によりその権限に影響を受ける国等に対して、指定する期間内に意見を述べる機会を与えることができる。

③　法規命令及び行政命令が専ら他の裁判所によって、その有効性について審理をうけうることが法律に定められている場合を除いて、高等裁判所に属する部は、その法規命令及び行政命令が法律又は条例に適合するか否かについて審理する。

④　法規命令及び行政命令の有効性を審理する手続が他の裁判所に係属している場合には、高等裁判所に属する部は、その裁判所における手続が完結するまで弁論を中断することを命ずることができる。

⑤　高等裁判所に属する部は、判決で、又は口頭弁論を不要と認めた場合には決定で、裁判をする。高等裁判所に属する部は、法規命令及び行政命令が有効でないとの心証を得たとき、これを無効と宣言する。この場合には、この裁判は一般的な拘束力を有し、かつ、その裁判書は、その法規命令又は行政命令が公告された場合と同様の方法をもって、被申立人により公示されなければならない。第1項第1号から第5号までに掲げる法規命令及び行政命令について確認された瑕疵が、同法に規定される改正手続によって除去されることができる場合、高等裁判所は、当該瑕疵が除去されるまで当該法規命令及び行政命令を有効でないと宣言する。第3文を準用しなければならない。

⑥　重大な不利益を予防するため、又はその他の重大な事由により急速の必要があるとき、裁判所は、申立てにより、仮処分を命ずることができる。

第40条〔行政計画統制手続に関する高等裁判所の管轄〕

①　高等裁判所に属する部は、次に掲げる事項に係る争訟すべてについて、第1審として裁判をする。

一　特定の地域の住民の権利を侵害し、又は近い将来に侵害を及ぼすであろう計画策定。

二　前号に掲げる計画策定にかえて賦与される認許可、並びにその計画にとって必要な認許可及び許可全体。その認許可と許可が、その計画と空間上の及び事実上の関連性を有している附属施設に係わっている場合にも、同様とする。

②　高等裁判所は、公安審査委員会の行う破壊活動防止法第7条の規定による解散指定及び同法第5条第1項の規定による処分並びに無差別大量殺人行為を行った団体の規制に関する法律第8条第2

項の規定による禁止処分に対する訴えについて、さらに第一審として裁判をする。

第41条〔最高裁判所の管轄——上訴〕

最高裁判所は、次の上訴について裁判をする。
一　第134条の規定による高等裁判所の判決に対する上告
二　第136条及び第137条の規定による地方裁判所の判決に対する上告
三　第96条第3項及び第135条第1項の規定の規定による抗告

第42条〔始審かつ終審の最高裁判所の管轄〕

①　最高裁判所は、国と地方公共団体との間及び地方公共団体相互の間における、行政事件について、始審かつ終審として裁判をする。

②　最高裁判所は、前項の規定により、法的紛争を憲法上のものと認めるときは、憲法裁判権のある部の最高裁判所にその事件を移送する（第173条）。

第43条〔結社禁止の訴えに関する手続の中断〕

①　無差別大量殺人行為を行った団体の規制に関する法律第8条第2項の規定による禁止処分に代わり、その団体が破壊活動防止法第7条第2項の規定による解散指定をうけ、解散指定が執行されなければならない場合には、その禁止処分に対する訴えの手続は、解散処分に対する訴えについての裁判がなされるまで、中断しなければならない。

②　最高裁判所の裁判は、前項の場合において、高等裁判所を拘束する。

第5章　土地管轄

第44条〔地方裁判所の土地管轄〕

土地管轄は、次のとおりとする。

一　不動産又は土地の上にある権利若しくは法律関係に関連する争訟については、その財産又は土地の所在する管轄区域の地方裁判所が、専属的に土地管轄を有する。

二　行政庁又は地方公共団体その他の公法上の法人のした行政行為に対する取消の訴えについては、第1号及び第4号の場合を除くほか、その行政庁、地方公共団体その他の公法上の法人の所在地を管轄区域とする地方裁判所が、土地管轄を有する。第1文の場合には、義務づけの訴えについても、同様とする。ただし、出入国管理及び難民認定法の規定による争訟については、外国人が出入国管理及び難民認定法により有する居所を管轄区域とする地方裁判所が、土地管轄を有する。これによっても、土地管轄が認められない場合には、第3号の規定により土地管轄を定める。日本国の外交使節及び領事の外国代表の管轄に属する領域における日本国に対する訴えについては、日本国の所在地を管轄区域とする地方裁判所が土地管轄を有する。

三　他のすべての取消の訴えについては、第1号及び第4号の場合を除くほか、行政行為がなされた管轄区域の地方裁判所が土地管轄を有する。数個の地方裁判所の管轄区域にまたがって管轄権を有する1つの行政庁が行政行為をした場合、又は数個の都道府県若しくはすべての都道府県に共通する1つの行政庁が行政行為をした場合には、不服のある者の所在地又は住所のある管轄区域とする地方裁判所が、管轄権を有する。行政庁の管

轄領域内に所在地又は住所がないときは、第5号の規定により管轄を定める。第1文及び第2文の場合には、義務づけの訴えについても、同様とする。

四　現在又は過去の公務員関係又は社会保険関係若しくは社会保障関係に基づく公法上の法人又は行政庁に対する訴えすべてについて、及びそのような関係の成立に関連する争訟については、原告の就業場所、就業場所のないときは原告の住所を管轄区域とする地方裁判所が、土地管轄を有する。原告が勤務地又は原行政行為をした行政庁の管轄区域内に勤務地又は住所を有しない場合、この行政庁の所在地を管轄区域とする地方裁判所が、土地管轄を有する。第1文、第2文及び第4文の場合には、義務づけの訴えについても同様とする。

五　その他のすべての場合には、被告がその所在地又は住所、住所のないときはその者の居所、居所がないときは最後の住所又は最後の居所を有する管轄区域とする地方裁判所が、土地管轄を有する。

第45条〔管轄裁判所の指定〕

①　直近上級裁判所は、次の場合に、行政裁判権内で管轄裁判所を指定する。

一　本来の管轄裁判所が、具体の事案において、法律上又は事実上の障害により裁判権を行使できないとき。

二　2以上の裁判所の管轄区域の境界に関して、いずれの裁判所がその法的紛争を管轄するか明らかでないとき。

三　裁判籍が第44条の規定により定まり、2以上の裁判所が管轄権を有すると考えられるとき。

四　2以上の裁判所が、確定裁判をもって、管轄権を有すること

を宣言したとき。
　五　2以上の裁判所が、確定裁判をもって、管轄権を有しないことを宣言し、かつ、そのうちの1つの裁判所が、その法的紛争について管轄権を有するとき。
②　第44条の規定により土地管轄がない場合には、最高裁判所が管轄裁判所を指定する。
③　法的紛争の当事者及び法的紛争を取り扱う裁判所は、上級審の裁判所に、管轄裁判所の指定を申請することができる。申請を受けた裁判所は、口頭弁論を経ないで裁判をすることができる。

第3編　手　続

第1章　一般的手続規定

第46条〔裁判所職員の除斥及び忌避〕

①　裁判所職員の除斥及び忌避については、民事訴訟法第23条から第27条までの規定を準用する。

②　先行の行政手続に関与した者も、裁判官又は市民裁判員の職務の従事から除斥される。

③　裁判官又は市民裁判員が、その手続の結果により影響を受ける団体の代表者であるときは、常に民事訴訟法第24条第1項に規定する裁判の公正を妨げるべき事情があるものとする。

第47条〔送　達〕

①　期間の進行を開始させる命令及び裁判並びに期日の指定及び呼出は、送達しなければならない。ただし、告知は、明文で定められた場合に限り、送達しなければならない。

② 送達は、職権により、民事訴訟法第98条から第113条まで及び民事訴訟規則第39条から第47条までの規定に従って行う。

③ 国内に居住しない者は、民事訴訟法第108条の規定にかかわらず、要求により、送達代理人を任命しなければならない。

第48条〔多数当事者手続における公示送達〕

① 50人以上の者に対し同一の告知が必要である場合、裁判所は、それ以降の手続を公示送達による告知を命ずることができる。いずれの日刊新聞にその公示送達が公にされるかは、決定で指定しなければならない。その場合、その裁判の効力が及ぶであろうと見込まれる地域において普及している日刊新聞が、あらかじめ考慮に入れられなければならない。その決定は当事者に送達されなければならない。当事者は、それ以降の告知がいかなる態様でなされるか、そしていつその書類が送達したものとみなされるかについて、摘示を受けなければならない。裁判所はその決定をいつでも取り消すことができる。第1文の要件が具備しないか又はもはや具備しない場合、裁判所はその決定を取り消さなければならない。

② 公示送達の場合、告知されるべき書類は、裁判所の掲示場に掲示し、かつ、官報において及び第1項第2文による決定で指定された日刊新聞において公示しなければならない。裁判の公示送達の場合、裁判書及び上訴の教示の掲示及び公示で足りる。当該書類に代えて、通知書を掲示又は公示することができる。その通知書には、当該書類を閲覧できること及び閲覧できる場所が記載される。期日指定又は呼出状は完全な文面により掲示又は公示することを要する。

③ 公示送達は、前項の規定により官報に公示された日から2週間を経過することによって、その効力を生ずる。このことは、あらゆる公示において摘記されなければならない。裁判の公示送達後に、

当事者は、書面によりその正本を請求することができる。同様に、このことを公示において摘記しなければならない。

第49条〔期　間〕

① 期間の進行は、別段の定めがない限り、送達をもって開始し、送達が定められていないときは、公示又は告知をもって開始する。

② 期間については、民事訴訟法第95条から第97条までの規定を適用する。

第50条〔権利救済の教示〕

① 上訴又はその他の権利救済のための期間は、当事者が、その権利救済、権利救済を申し立てるべき行政庁又は裁判所、その所在地及び遵守されるべき期間について、書面で教示を受けたときに限り、進行を開始する。

② 教示がなされないとき、又は誤ってなされたときは、権利救済は、送達、公示又は告知の時から1年以内に限り、提起することが許される。ただし、不可抗力により1年の期間の経過前に提起することができなかったとき、又は権利救済が許されない旨の教示書が交付されたときは、この限りでない。不可抗力の場合には、第52条第2項の規定を準用する。

第51条〔行政庁の教示義務〕

行政庁は、不服を申し立てることができる行政行為を書面でするとき、その行政行為に対して認められる権利救済、権利救済を申し立てるべき機関及び期間を、当事者に教示する教示書を交付しなければならない。

第52条〔期間徒過の原状回復〕

① 故意又は過失なくして法定の期間の遵守が妨げられた者は、

申立てにより、原状回復を認められなければならない。

② 申立ては、障害がやんだ日から2週間以内に起こさなければならない。申立てを根拠づける事実は、申立てをする際に、又は申立てに関する手続において、疎明しなければならない。懈怠した法的行為は、申立て期間内に追完しなければならない。追完がなされたときは、原状回復は、申立てがなくても許すことができる。

③ 懈怠した期間の末日から1年を経過した後は、申立ては許されない。ただし、不可抗力により1年の経過前に申立てをすることができなかったときは、この限りでない。

④ 懈怠した法的行為について判断しなければならない裁判所が、原状回復の申立てについて裁判をする。

⑤ 原状回復に対しては、不服を申し立てることができない。

第53条〔当事者能力〕

① 次に掲げる者は、手続に関与する能力を有する。
一 自然人及び法人。
二 法人でない社団又は財団で代表者又は管理人の定めがあるもの。
三 行政庁。ただし、他の法律が行政庁と同じに扱うこととしている団体、組織を含むものとする。

② 民事訴訟法第29条及び第30条の規定を準用する。

第54条〔訴訟能力〕

① 次に掲げる者は、訴訟行為をする能力を有する。
一 民法による行為能力者
二 民法による制限能力者。ただし、民法又は公法の規定により、手続の目的につき、行為能力がある者として承認されている範囲に限る。

②　民法第 4 条、第 9 条、第 12 条、第 16 条及び第 19 条の規定による同意の留保が手続の対象となっている場合において、行為能力のある後見人又は成年後見人、保佐人、補助人が民法の規定によりその被後見人、成年被後見人、被保佐人又は被補助人の同意を得ずに行為することができ、又は公法の規定によって行為能力あるものとして承認されている範囲に限り、訴訟行為をする能力を有する。

③　人格のない社団等及び行政庁のために、その法定代理人、理事又は特別受託者が行為をする。

④　民事訴訟法第 31 条から第 37 条までの規定を準用する。

第 55 条〔当事者〕

手続の当事者とは、次の者をいう。
一　原告
二　被告
三　訴訟参加人（第 57 条）

第 56 条〔訴えの主観的併合〕

共同訴訟に関する民事訴訟法第 38 条から第 40 条までの規定を準用する。

第 57 条〔訴訟参加〕

①　裁判所は、裁判の結果によりその者の権利に影響を与える第三者があるときは、手続がなお確定裁判をもって終結せず、又は上級審に係属している限り、当事者若しくはその第三者の申立てにより又は職権で、決定をもって、その第三者をその訴訟に参加させることができる。

②　第三者が争いとなっている法律関係に関与している場合、裁判が第三者に対しても合一にのみなされうるように、その第三者を

その訴訟に参加させなければならない（必要的訴訟参加）。

③　第2項により50人以上の者からなる参加が考えられるとき、裁判所は、一定の期間内に参加を申立てる者のみがその訴訟に参加しうる旨を、決定で、命じることができる。この決定に対しては、不服を申し立てることができない。その決定は、官報で告知されなければならない。その他、その決定は、その決定が効力を及ぼすと見込まれる地域で普及している日刊新聞に公示されなければならない。その期間は、官報上での公示以降3月以上でなければならない。日刊新聞上での公示では、期間が経過する日に通知されなければならない。期間の懈怠の場合における原状回復について、第52条が準用される。裁判所は、申立てがない場合であっても、裁判の結果により著しく影響を受ける者を、その訴訟に参加させるものとする。

④　参加決定は、すべての当事者と訴訟参加人に送達しなければならない。参加決定には、法的紛争の現状及び参加の理由を記載するものとする。参加に対しては、不服を申し立てることができない。

第58条〔参加人の地位〕

参加人は、当事者の申立ての範囲内において、独立して攻撃又は防御の方法を提出し、その他一切の訴訟行為をすることができる。参加人は、必要的訴訟参加の場合に限り、当事者と異なる本案の申立てをすることができる。

第59条〔訴訟代理人及び補佐人〕

①　最高裁判所及び高等裁判所においては、各当事者は訴訟代理人を選任することを要する。

一　各当事者は、その者が申立てる範囲において、弁護士又は別に法律で定める法律学の教授を代理人として代理させることを要する。

二　上告の提起並びにその不受理に対する抗告及びこの法律の第39条第6項及び第96条第3項の場合における抗告、控訴の受理を求める申立てについても同様とする。

三　国又は地方公共団体及び行政庁は、司法修習生の修習を終えた公務員及び法学士号を取得した上級職公務員によっても代理させることができる。

四　行政手続一般の案件については、別に法律で定める行政法に関する法学修士号を取得した行政書士もまた、授権により訴訟代理権を有する範囲において、高等裁判所において訴訟代理人として、許可することができる。

五　租税の案件については、別に法律で定める租税法に関する法学博士号を取得した税理士及び公認会計士もまた、授権により訴訟代理権を有する範囲において、高等裁判所において訴訟代理人として、許可されるものとする。

六　社会保険及び社会保障の案件については、これらに関連する社会法に関する法学修士号を取得した社会保険労務士もまた、授権により訴訟代理権を有する範囲において、高等裁判所において訴訟代理人として、許可することができる。

②　地方裁判所においては、当事者は手続のいかなる段階においても、代理人に代理させ、かつ、口頭弁論において補佐人に補佐させることができる。決定により、代理人を選任し、又は補佐人を付けなければならないことを命ずることができる。地方裁判所においては、適切な陳述をする能力があるすべての者は、代理人及び補佐人として出廷することができる。

③　書面又は口頭による適切な陳述をする能力に欠ける代理人又は補佐人は、却下することができる。ただし、他の法律に別段の定めがある場合は、その限りでない。

④　代理権は、書面により授権しなければならない。裁判所は職権により授権の瑕疵を釈明しなければならない。代理権は、事後に追完することができる。裁判長又は受命裁判官は、追完の不変期間を定めることができる。代理人が選任されたときは、裁判所の送達又は通知は、その代理人に対してしなければならない。

⑤　訴訟代理人及び補佐人については、別段の定めがある場合を除いて、民事訴訟法第54条から第60条までの規定を準用する。

第60条〔共同代理人〕

①　20人以上の者が同一の利害によりひとつの法的紛争に関与している場合で、1人の訴訟代理人に代理させていないときは、裁判所はこれらの者に対し決定で、相当の期間内に1人の共同代理人を選任するよう課題を負わせることができる。ただし、さもなければ、その法的紛争の秩序ある遂行が損なわれるであろう場合に限る。その当事者が、指定を受けた期間内に1人の共同代理人を選任しない場合、裁判所は、決定で、1人の弁護士を共同代理人として選任することができる。当事者は共同代理人によってのみ訴訟行為を行うことができる。第1文及び第3文による決定に対しては、不服を申し立てることができない。

②　代理人又は本人が、書面により、又は裁判所書記官の作成する調書により、代理権の消滅を裁判所に通知する。代理人はすべての本人に関してのみ通知書を提出することができる。本人がその通知をする場合には、ひとりの別の代理人の任命を通知するものとする。

第2章 取消の訴え及び義務づけの訴えに関する特別規定

第 61 条〔不服申立前置手続〕

① 取消の訴えを提起するに先立ち、前置手続において、行政行為の合法性及び合目的性が、審査を受けなければならない。ただし、法律が前置手続の不要を定めているとき、又は次に掲げるいずれかのときには、この審査を必要としない。

一 法律が審査を定めている場合を除くほか、行政行為が、国に直属する最上級行政庁又は各都道府県に直属する最上級行政庁によってなされたとき。

二 不服容認裁決又は不服審査裁決がはじめて不服を包含しているとき。

② 行政行為の着手を求める申請が拒否された場合には、義務づけの訴えに前項の規定を準用する。

第 62 条〔不服申立前置手続の開始〕

前置手続は、不服申立の提起により開始する。

第 63 条〔不服申立の形式と期間〕

① 不服申立は、行政行為が不服申立人の知るに至った日から2月以内に、書面により、又は行政庁の作成する調書により、その行政行為をなした行政庁に提起しなければならない。期間は、不服審査裁決をすべき行政庁に不服申立を提起した場合にも、遵守されたものとする。

② 第50条及び第52条第1項から第4項までの規定を準用する。

第64条〔聴 聞〕

不服申立手続における行政行為の取消又は変更がはじめて不服をもたらす場合には、利害関係人は、その不服容認裁決又は不服審査裁決のなされる前に、聴聞を受けるものとする。

第65条〔不服容認裁決〕

行政庁は、不服申立てを理由があると認めるときは、不服申立を容認し、かつ、費用について裁決をする。

第66条〔不服審査裁決〕

① 行政庁が、不服申立てを容認しないときは、不服審査裁決をする。不服審査裁決は、次の行政庁がする。
 一 法律により別な上級行政庁が指定されている場合を除いて、直近上級行政庁
 二 直近上級行政庁が国又は都道府県の最上級行政庁である場合には、行政行為をした行政庁
 三 自治行政に関する事案については、法律に別段の定めがない限り、自治行政庁

② 前項の前置手続において行政庁に代えて行政委員会又は裁判外紛争処理機関を置く旨の規定は、影響を受けない。その委員会又は裁判外紛争処理機関は、前項第1号の規定にかかわらず、行政行為をした行政庁にも設置することができる。

③ 不服審査裁決には、理由を付し、権利救済の教示を授け、かつ、これを送達しなければならない。不服審査裁決は、費用を負担する者をも定める。

第67条〔出訴期間〕

① 取消の訴えは、不服審査裁決の送達から6月以内に提起する

ことを要する。第61条の規定により不服審査裁決を必要としないときには、訴えは、行政行為を知った日から6月以内に提起することを要する。

② 行政行為の着手を求める申請が拒否された場合には、義務づけの訴えについて、前項の規定を準用する。

第68条〔不服審査裁決を要しない訴え——不作為の訴え〕

不服申立又は行政行為の着手を求める申請に対し、十分な理由もなく、相当の期間内に、本案の決定がなされていないときは、第61条の規定にかかわらず、その訴えを適法とする。訴えは、不服申立の提起又は行政行為の着手を求める申請の時から3月を経過するまでは、許されない。ただし、その事案の特別の事情により右の期間の短縮を必要とする場合は、この限りでない。不服申立がまだ決定されず、又は申請に係る行政行為がなされないことにつき、十分な理由があるときは、裁判所は、裁判所の定める期間が経過するまで、その手続を中断する。この期間は、延長することができる。裁判所の定めた期間内に不服申立が認容されるとき、又は右期間内に行政行為がなされるときは、本案が解決された旨を宣言しなければならない。

第69条〔不服申立手続の排他性〕

① 異議申立て又は審査請求手続に関する他の法律の規定は、すべて、この章の規定によって置き換えられるものとする。

② 地方裁判所に対する訴えの要件としての異議申立て又は審査請求手続に関する条例の規定についても、同様とする。

第70条〔被　告〕

① 訴えは、次の者を被告としなければならない。

係争の行政行為をなし、又は申請に係る行政行為をなさなかった行政庁の属する国、地方公共団体又は公法上の法人。ただし、被告を表示するには、行政庁の記載で足りる。

② はじめて不服をもたらす不服審査裁決がなされたとき（第61条第1項第2文第2号）、不服審査庁を、前項に規定する行政庁とする。

第71条〔取消の訴えの対象〕

① 取消の訴えの対象は、次の行為である。
一 不服審査裁決にみられる形における原行政行為。
二 不服容認裁決又は不服審査裁決。ただし、これがはじめて不服をもたらすときに限る。

② 不服審査裁決が、原行政行為に対して追加的に独立の不服をもたらす場合に、そしてその範囲において、その不服審査裁決を取消の訴えの単独の対象とすることができる。不服審査裁決が重要な手続規定の違反に基づく限り、この違反もまた追加的な不服とみなされる。

第72条〔執行停止の効力－　即時執行命令〕

① 不服申立及取消の訴えは、執行停止の効力を有する。法律関係を形成する行政行為及び確認する行政行為について並びに二重効果を有する行政行為についても、同様とする（第73条）。

② 執行停止の効力は、次に掲げる場合に限り、これを生じない。
一 公租公課及び費用の請求並びにその徴収のとき。
二 賦課行為に基づく徴収行為のため、賦課行為の取消の訴えのとき。
三 警察執行官による、執行停止のできない命令及び措置のとき。
四 法律で規定するその他の場合、又は、条例にあっては、条例

に規定するその他のとき、とくに投資又は雇用の創出に係る行政行為に対する、第三者の不服申立及び訴えのとき。
五　即時執行が、公益又は一方の当事者の優越的な利益のため、当該行政行為をした行政庁又は不服申立を決定すべき行政庁によって、とくに命令されるとき。都道府県が法律に基づき行政執行手続において講じる措置に対して権利救済が提起されている範囲において、その権利救済は執行停止の効果を生じない、旨を都道府県は条例で規定することもできる。

③　前項第5号の場合において、行政行為の即時執行につき特別な利益が存する理由は、書面により明らかにしなければならない。執行が遅延すれば危険が切迫している場合、とくに生命、健康又は財産に関する差し迫った不利益が生ずる場合において、万一の為に、それが緊急措置であることを明らかにした上で、措置を公益のために講じるときは、特別の理由を付すことを要しない。

④　行政行為をなした行政庁又は不服申立を裁決しなければならない行政庁は、法律に別段の定めがない限り、第2項の場合において、執行を停止することができる。

一　公租公課及び費用の請求並びにその徴収の場合であっても、その行政庁は、担保とひきかえに、執行を停止することができる。公租公課及び費用について、係争の行政行為の合法性について重大な疑いがある場合、又は、執行が、公租公課及び費用の支払義務者の側に不衡平で、優越的な公益により要請されない苛酷な結果を生ぜしめるであろう場合には、申立てにより、停止を行うものとする。
二　賦課行為の執行が停止される場合、徴収行為の執行もまた停止しなければならない。徴収行為の発給は許されている。徴収行為が停止されるとき、担保の提供について、裁判しなければ

ならない。ただし、賦課行為の執行が停止されるとき、担保の提供は明文をもって排除されている。

⑤ 本案の裁判所は、第2項第1号から第4号までの場合において、申立てにより、執行停止の効力をその全部又は一部を命ずることができ、第2項第5号の場合においては、その全部又は一部を回復することができる。その申立ては、取消の訴えの提起前においても適法とする。行政行為が、裁判のときにすでに執行されている場合には、裁判所は、その執行の取消を命ずることができる。停止効力の回復は、担保の提供又はその他の負担に係らしめることができる。停止効力の回復は、期限を付してこれを行うこともできる。

⑥ 第2項第1号の場合には、前項による申立ては、その行政庁が執行停止を求める申立てをその全部又は一部につき拒否したときに限り、適法とする。次のいずれかの場合には、その限りではない。

一 その行政庁が、十分な理由を通知せずに、相当な期間内に、その申立てについて、本案を決定しなかったとき。

二 執行が差し迫っているとき。

⑦ 本案の裁判所は第5項による申立てについてした決定を、いつでも変更又は取消すことができる。いずれの当事者も、事情の変更を理由に又は原手続において故意又は過失なく主張しなかった事情を理由に、その変更又は取消を申立てることができる。

⑧ やむを得ない緊急の場合には、裁判所に代わり裁判長が、裁判をすることができる。

第73条〔二重効果を有する行政行為の場合の仮の権利保護〕

① 第三者が、他の者を名宛人とする、この者にとって授益的な行政行為に対し、権利救済を提起する場合には、行政庁は、次をなすことができる。

一 当該授益者の申立てにより、第72条第2項第5号により即時執行を命ずることができる。
二 当該第三者の申立てにより、第72条第4項によりその執行を停止し、そして第三者の権利を保全するために仮処分をすることができる。

② 不利益を受けた者は、その者を名宛人とする不利な行政行為で、第三者にとって授益的なものに対して、権利救済を提起する場合には、行政庁はその第三者の申立てにより、第72条第2項第5号により即時執行を命ずることができる。

③ 裁判所は、申立てにより、第1項及び第2項の規定による処分を変更若しくは取消すことができ、又はこのような処置をすることができる。第72条第5項から第8項までの規定を準用する。

第74条〔執行停止効果の消滅及び継続〕

① 不服申立及び取消の訴えの執行停止の効果は、不服を申し立てることができなくなると同時に消滅するか、又はその取消の訴えが第1審で棄却されたときには、当該棄却判決に対し許されている上訴の法定理由書提出期間の経過から3月と同時に消滅する。その執行が行政庁により停止されたとき、又は、当該執行停止効果が裁判所により回復若しくは命令されたときも、同様とする。ただし、行政庁が、不服を申し立てることができなくなるまで、その執行を停止したときは、この限りでない。

② 高等裁判所は、申立てにより、当該執行停止の効力をさらに継続することを命ずることができる。

③ 第72条第5項から第8項までの規定及び第73条の規定を準用する。

第3章　第一審裁判所における手続

第75条〔訴えの提起〕

① 訴えは、書面により、裁判所に提起しなければならない。地方裁判所に対する訴えは、裁判所書記官の作成する調書によっても、提起することができる。

② 訴状及びすべての書面には、他の当事者のため謄本を添付するものとする。

第76条〔訴状の内容〕

① 訴えには、原告及び被告並びに請求の趣旨を記載しなければならない。訴えは特定の申立てを掲げるものとする。理由付けに役立つ事実及び証拠方法を記載するものとし、また、係争の行政行為及び不服審査裁決はその原本又は謄本を添付するものとする。

② 訴えが、前項の要件を備えない場合には、裁判長又は裁判長によって指定された裁判官（受命裁判官）は、原告に対して、一定の期間内に、必要な補正をなすべきことを催告しなければならない。前項第1文に規定する要件の一が欠けているとき、裁判長又は受命裁判官は原告に対し補正の不変期間を定めることができる。原状回復について第52条を準用する。

第77条〔管　轄〕

事物管轄及び土地管轄には、この法律に別段の定めがある場合を除いて、民事訴訟法第4条から第7条まで及び第11条から第13条までの規定を準用する。この法律の第29条第2項及び第3項による決定は、不服を申し立てることができない。

第 78 条〔略式判決〕

① 裁判所は、事件が事実上の観点でも法律上の観点でも特に難しくもなく、かつ事実関係が解明されているとき、口頭弁論を経ないで、略式判決で裁判することができる。当事者は、その前に聴聞を受けなければならない。判決に関する規定を準用する。

② 当事者は、略式判決の送達から 1 月以内に、次の事項をなすことができる。

一 当事者は、控訴の受理又は口頭弁論を申立てることができる。両方の権利救済が利用されるとき、口頭弁論が行われる。

二 上告が受理されているとき、当事者は上告を提起することができる。

三 上告が受理されていないとき、当事者は却下に係る抗告を提起するか、又は口頭弁論を申立てることができる。両方の権利救済が利用されるとき、口頭弁論がおこなわれる。

四 上訴が許されていないとき、当事者は口頭弁論を申立てることができる。

③ 略式判決は判決として効力を有する。口頭弁論が期間内に申立てられるとき、略式判決は、なされなかったものとみなされる。

④ 口頭弁論が申し立てられる場合において、裁判所が略式判決の理由を支持し、かつこのことを裁判の中で確認するとき、裁判所は、判決において、事実及び裁判の理由をさらに叙述することを省略することができる。

第 79 条〔訴状の送達〕

裁判長は、被告に対して、訴状を送達する。送達と同時に、被告に、書面で意見を述べることを求めなければならない。第 75 条第 1 項第 2 文の規定を準用する。その期間を定めることができる。

第80条〔職権探知主義——証拠申出——準備書面〕

① 裁判所は、職権により、事実関係を調査する。その際、当事者を招致しなければならない。裁判所は当事者の主張及び証拠の申出に拘束されない。裁判の基礎とするすべての証拠は、口頭弁論の終結に先立ち、当事者に開示するものとする。

② 口頭弁論においてなされた証拠の申出は、理由を付した裁判所の決定によってのみ、拒否することができる。

③ 裁判長は、当事者が、形式の不備を除去し、不明確な申立てを明確にし、適切な申立てをし、事実の不十分な記載を補正し、かつ、事実関係の確定及び認定にとって重要な説明すべてを記載するように、促さなければならない。

④ 当事者は、口頭弁論の準備のため書面を提出するものとする。裁判長は、期限を定めて準備書面の提出を求めることができる。準備書面は、職権で、当事者に回付しなければならない。

⑤ 準備書面には、引用した証書の原本又は謄本の全部又は抜粋を添付しなければならない。証書が相手方にすでに知られているとき、又は非常に大量であるときは、その証書を明細に表示し、裁判所で閲覧に供する旨の申出を付記すれば足りる。

第81条〔口頭弁論の準備〕

① 裁判長又は受命裁判官(本条及び第83条において、以下「裁判長等」という。)は、口頭弁論に先立ち、その法的紛争をできる限り1回の口頭弁論で解決するために必要な一切の命令をしなければならない。裁判長等は、とくに次のことをすることができる。

一 裁判長等は、当事者を事実状態と紛争状態を討論するため、及びその法的紛争を示談するため召喚し、そして和解を調えることができる。

第3編 手　続

二　裁判官等は、当事者に対し、その者の準備書面の補正又は説明並びに証書の提出及び裁判所で作成した調書によりその他の適切な目的物の提出をすることを義務づけることができる。とくに、特定の解明に必要な点を説明するため期日を指定することができる。

三　裁判長等は、情報の提供を求めることができる。

四　裁判長等は、証書の提出を命ずることができる。

五　裁判長等は、当事者の本人出頭を命ずることができる。第92条の規定を準用する。

六　裁判長等は、口頭弁論のために証人及び鑑定人を召喚することができる。

七　裁判長等は、行政庁に対し、3月の期間以内において、手続上の瑕疵及び形式上の瑕疵を治癒する機会を与えることができる。ただし、このことが、裁判長等の自由な心証によりその法的紛争の解決を遅らせる場合を除く。

②　当事者はそれぞれの命令について通知をうけなければならない。

③　裁判長等は個々の証拠を収集することができる。このことは、次の範囲に限り、なされうる。裁判所における弁論を簡素化するために、裁判所が証拠調べの経過について直接的な印象がなくても証拠調べの結果を事実に即して評価できることが、有益でかつ最初から承認されなければならない範囲に限る。

第82条〔準備手続における裁判〕

①　裁判長は、準備手続において裁判をするとき、次に掲げる事項について、裁判をする。

一　手続の停止及び休止について。

二　訴えの取下げの場合には、当該主張された請求の放棄又は当該請求の認諾について。

三　本案における法的紛争が解決した場合。

四　訴額について。

五　費用について。

②　当事者の承諾を得て、裁判長は部に代わるその他の場所でも裁判をすることができる。

③　受命裁判官が任命される場合、この者は裁判長に代わって裁判をする。

第83条〔時期に遅れた攻撃防御方法の排除〕

①　原告が行政手続において事実を斟酌され又はされないことによって不服を感じているとき、裁判長等は、その事実を陳述するため、期日を原告に指定することができる。第1文による期日指定は、第76条第2項第2文による期日指定と一緒にすることもできる。

②　裁判長等は、当事者に対し、期日を指定して、特定の出来事について、次のことをするよう求めることができる。

一　事実を記載し又は証拠方法を表示すること。

二　当事者が提出の義務を負っている範囲において、証書又はその他の動産を提出すること。

③　裁判所は、次に掲げる要件をすべて具備する場合には、第1項及び第2項の規定により指定された期間の経過後にはじめて提出された証拠方法及び説明を却下し、それ以上の調査をすることなく裁判することができる。

一　期間経過後にはじめて証拠方法を提出し及び説明をすることの許可が、裁判所の自由な心証によれば、当該法的紛争の解決を遅らせるであろうこと。

二 当事者が当該提出につき時機に遅れたことを十分に弁明しないこと。

三 当事者が期間の懈怠の効果について教示をうけていたこと。

その弁明の理由は、裁判所の求めにより、疎明されなければならない。当事者の協力を得なくても事実関係を調査することが、わずかな費用で可能であるときには、第1文の規定を適用しない。

第84条〔訴えの請求に対する拘束〕

裁判所は、請求の趣旨を越えてはならないが、申立ての文言には拘束されない。

第85条〔反 訴〕

① 反対請求が本訴で主張された請求又はこれに対して提出された防御の方法と関連するときは、本訴の裁判所に反訴を提起することができる。第44条第1号の場合において反対請求の訴えについて他の裁判所が管轄権を有するときは、この限りで適用しない。

② 取消の訴え及び義務づけの訴えについては、反訴は排除される。

第86条〔訴訟係属〕

訴えの提起により、紛争事件は裁判所に係属する。

第87条〔訴えの変更〕

① 訴えの変更は、他の当事者が同意するとき、又は裁判所がその変更を有用と認めるときは、適法とする。

② 被告が訴えの変更に異議を述べることなく、書面により又は口頭弁論において、当該変更された訴えに応訴したときは、被告は、訴えの変更に同意したものとみなす。

③ 訴えの変更がない旨の裁判又は訴えの変更を許すべき旨の裁

判に対しては、独立して不服を申し立てることができない。

第88条〔訴えの取下げ〕

① 原告は、判決の確定に至るまで、その者の訴えを取り下げることができる。口頭弁論において申立てをした後の取下げは、被告の同意を必要とする。

② 原告が裁判所の催告にかかわらず、その手続を3月以上進めないとき、訴えは取り下げられたものとみなす。前項第2文を準用する。原告は、その催告のなかで、第1文及び第155条第2項から生ずる効果について摘示をうけなければならない。裁判所は、その訴えが取り下げられたものとみなされる旨を、決定で確認する。

③ 訴えが取り下げられたとき、又は取り下げられたものとみなされるとき、裁判所はその手続を決定で中止し、そして、この法律による取下げから生ずる効果を言い渡す。この決定に対しては、不服を申し立てることができない。

第89条〔手続の併合又は分離、関連請求〕

① 裁判所は、決定で、同種の目的物に関する同裁判所に係属する数個の手続を、共通の弁論及び裁判をなすため併合し、かつ、再び分離することができる。裁判所は、一の手続で提起された数個の請求を分離して、各別の手続で弁論及び裁判をすることを命ずることができる。

② 行政事件に係る取消の訴えと民事事件若しくは行政事件に係る訴訟とが各別の裁判所又は各別の専門部に係属する場合において、相当と認めるときは、前者の行政事件に係る取消の訴えの係属する裁判所の部は、申立てにより又は職権で、その民事事件又は行政事件に係る訴訟を当該部に移送することができる。

第3編 手　続

第90条〔モデル手続〕

① 一の行政庁による措置（一般処分、計画策定手続及び規範統制手続における法規命令、行政行為の執行力等を含む。）の合法性が20以上の手続の目的物である場合、裁判所はあらかじめ一又は数個の適当な手続を実施し（モデル手続）、そしてその残りの手続を中断する。当事者はその前に聴聞を受けなければならない。決定に対して、不服を申し立てることができない。

② 当該実施された手続が確定判決により裁判をされたとき、裁判所は、当事者を尋問した後、当該中断されていた手続について決定で裁判をすることができる。ただし、それらの事件が、確定判決により裁判されたモデル手続にくらべて、事実上の観点でも法律上の観点でも重要な特殊性もなく、かつその事実関係が解明されていることで、見解が一致している場合に限る。裁判所はひとつのモデル手続において取り調べた証拠を採用することができる。裁判所は、その裁量により、再度の証人尋問又は同一の又は別の鑑定人によるあらたな鑑定を命ずることができる。すでにモデル手続においてその事実について証拠が収集されていたとき、裁判所は、その事実に関する証拠申出を、拒むことができる。ただし、その証拠申出の許可が、裁判所の自由心証によれば、あらたな、裁判に重要な事実の立証に寄与せず、そして当該法的紛争の解決が引き延ばされるであろう場合に限る。当該拒否は第1文による裁判のなかで行うことができる。当事者は、第1文による決定に対して、上訴する権利を有する。ただし、その上訴は、裁判所が判決によって裁判したであろう場合には、適法とする。当事者はこれについて上訴の教示を受けなければならない。

41

第1部　2001年行政事件訴訟法草案

第91条〔手続の中断〕

　法的紛争の裁判がその全部又は1部につき、他の係属中の法的紛争の目的物をなす法律関係の存否にかかっているか又は行政庁によって確認されなければならない法律関係の存否にかかっているときは、裁判所は、他の法的紛争が解決するまで、又は行政庁の裁断があるまで、審理を中断すべきことを命ずることができる。申立てにより、裁判所は、手続上の瑕疵及び形式上の瑕疵を治癒するため、審理を中断することができる。ただし、このことが手続の集中にとり有用である範囲に限る。

第92条〔本人出頭〕

　①　裁判所は、当事者の本人出頭を命ずることができる。不出頭の場合には、尋問期日に出頭しない証人に対すると同一の過料に処すべきことを戒告することができる。責めに帰すべき事由によって出頭しない場合には、裁判所は、決定で、戒告した過料に処する。過料の戒告及び確定は、繰り返してすることができる。

　②　当事者が、法人又は人格のない社団等である場合には、過料は、法律又は定款により代表権を有する者に戒告し、かつ、その者に対し確定しなければならない。

　③　裁判所は、当事者である公法上の法人又は行政庁に対し、書面により代理権の授権をうけ、かつ、当該事実状態及び法律状態に十分に教示をうけている公務員又は職員を、口頭弁論に派遣すべきことを命ずることができる。

第93条〔直接の証拠調べ〕

　①　裁判所は、口頭弁論において証拠を収集する。裁判所は、とくに、検証をおこない、証人及び鑑定人及び当事者を尋問し、かつ、証書を取り寄せることができる。

② 裁判所は、適当な場合には、口頭弁論前においても、その構成員の1人に受命裁判官として証拠を収集させ、又は個々の立証問題を明示して、他の裁判所に証拠調べを委嘱することができる。

第94条〔証拠収集の当事者開示〕

当事者は、すべての証拠調べ期日の通知を受け、証拠調べに立ち会うことができる。当事者は、証人及び鑑定人に対し、有用な問いを発することができる。発問に異議があるときは、裁判所が裁判をする。

第95条〔証拠調べ〕

この法律に別段の規定がある場合を除いて、証拠調べには、民事訴訟法第179条から第242条までの規定を準用する。

第96条〔行政庁の文書提出義務及び情報提供義務〕

① 行政庁は、証書、記録その他の文書を提出し、又は情報を提供する義務を負う。

一 事件と関連のある文書を保有する行政庁は、申立により、裁判所にその文書を提出し、その法的紛争の経緯を報告する義務を負うものとする。

二 これらの証書、記録その他の文書及び情報の内容を知らせることが、国又はその地方公共団体の福祉を害するであろう場合、又は、法律により若しくはその性質上その出来事を秘密保持しなければならない場合には、所轄の最上級監督庁は、決定で、証書、記録その他の文書の提出及び情報の提供を拒否することができる。

② 本案の裁判所は、当事者の申立てにより、証書、記録その他の文書の提出及び情報の拒否のための法定要件が具備しているとの

主張が疎明されたかどうかについて、決定で、裁判をする。第1項第2号の規定による説明を陳述した最上級監督庁は、この手続に呼び出されなければならない。

③　第1項第2号及び前項に規定する決定に対しては、独立して、抗告により、不服を申し立てることができる。高等裁判所が始審としてその事件を取り扱った場合には、抗告について、最高裁判所が裁判をする。

第97条〔記録の閲覧〕

①　当事者は、裁判記録及び裁判所に提出された文書を閲覧することができる。

②　裁判所は、その内容が実質的な秘密に該当すると認める部分以外の文書を、当事者に開示しなければならない。

③　当事者は、自己の費用で、書記課で、正本、抄本及び謄本の交付を求めることができる。裁判記録が原本に代用するため縮小してマイクロフィルムに撮影されている場合には、民事訴訟規則第144条及び第149条の規定を準用する。裁判長の裁量により、記録又は文書は代理権を有する弁護士に対し、その者の自宅又は事務所に持ち帰るために交付することができる。

④　判決、決定及び処分の草案、その準備のための書類並びに評決に関する書類は、提出をしないし、また謄本をもって通知しない。

第98条〔口頭弁論主義〕

①　裁判所は、別段の定めがない限り、口頭弁論に基づいて裁判をする。

②　当事者の同意を得て、裁判所は、口頭弁論を経ないで裁判をすることができる。

③　判決以外の裁判所の裁判は、別段の定めがない限り、口頭弁

論を経ないですることができる。

第99条〔呼出〕

① 口頭弁論の期日が指定されたときはただちに、2週間以上の呼出期間をもって、最高裁判所にあっては4週間以上の呼出期間をもって、当事者を呼び出さなければならない。切迫している場合には、裁判長は、この期間を短縮することができる。

② 呼出しに際しては、当事者が出頭しない場合には在廷しないままに審理が行われ、かつ、裁判がなされることがある旨を摘記されなければならない。

③ 行政裁判権のある部は、適切な解決のため必要があるときは、裁判所の所在地以外においても、法廷を開くことができる。

第100条〔口頭弁論の進行〕

① 裁判長は、口頭弁論を開始し、かつ、指揮する。

② 事件の呼び上げ後、裁判長又は受命裁判官は、記録の重要な内容を朗読する。

③ これに対し、当事者は、申立てをし、かつ、これを理由づけるために申述する。

第101条〔紛争事件の討議〕

① 裁判長は、当事者とともに、紛争事件を事実の事項及び法律の事項を討議しなければならない。

② 裁判長は、その求めにより、裁判所の各構成員に対し、発問することを許さなければならない。発問に異議があるときは、裁判所が裁判をする。

③ 紛争事件が討議された後、裁判長は、口頭弁論の終結を宣言する。裁判所は、その再開を決定することができる。

第102条〔口頭弁論調書〕

調書には、民事訴訟法第160条の規定を準用する。

第103条〔和解〕

当事者は、和解の目的物（その基礎となる事実認定を含む。）を処分することができる範囲に限り、当該法的紛争をその全部又は一部について解決するため、裁判所又は受託裁判官若しくは受命裁判官の作成する調書により、和解を調えることができる。当事者が、裁判所、裁判長又は受命裁判官により決定の形式でなされた和解を、書面により、その裁判所に対し受諾することによっても、裁判上の和解をなすことができる。

第4章 判決及びその他の裁判

第104条〔終結判決〕

訴えについては、別段の定めがない限り、判決により裁判をする。

第105条〔自由心証主義〕

① 裁判所は、手続の結果全体から得た自由な心証に従って裁判をする。判決には、裁判官の心証の根拠となった理由を記載しなければならない。

② 判決は、当事者が意見を述べることができた事実及び証拠調べの結果のみをその基礎としなければならない。第96条第1項第2号又は第97条第2項の規定により開示されない事実は、裁判の基礎とされてはならない（第80条第1項第4文）。

第106条〔中間判決〕

① 裁判所は、相当と認めるときは、中間判決で、あらかじめ裁

判をすることができる。

② 訴えの適法性について、中間判決で、あらかじめ裁判をすることができる。

第107条〔事情判決〕

① 取消の訴えについては、係争の行政行為が違法であるが、これを取り消すことにより公の利益に著しい障害を生ずる場合において、原告の受ける損害の程度、その損害の賠償又は防止の程度及び方法その他一切の事情を考慮したうえ、その行政行為を取り消すことが公共の福祉に適合しないと認めるときは、裁判所は、請求を棄却することができる。この場合においては、当該判決の主文において、その行政行為（手続行為を含む。）が違法であることを宣言しなければならない。

② 裁判所は、相当と認めるときは、終局判決前に、判決をもって、その行政行為が違法であることを宣言することができる。

③ 終局判決に事実及び理由を記載するとき、又は終局略式判決に主文等を記載するとき、前項の判決を引用することができる。

第108条〔一部判決〕

訴訟物の一部のみが裁判をするのに熟しているときは、裁判所は、一部判決をすることができる。

第109条〔原因判決〕

給付の訴えにおいて、請求の原因及び数額が争われているときは、裁判所は、中間判決で、その原因について、あらかじめ裁判をすることができる。裁判所は、その請求に理由があると宣言したときは、数額につき審理をなすべき旨を命ずることができる。

第1部　2001年行政事件訴訟法草案

第110条〔判決裁判所の構成〕

判決は、判決の基礎をなす審理に関与した裁判官及び市民裁判員に限り、することができる。

第111条〔取消の訴え及び義務づけの訴えの場合の判決〕

①　行政行為が違法であり、かつ、これにより原告がその権利を侵害されている限り、裁判所は、行政行為及び場合によっては不服審査裁決を取り消す。行政行為がすでに執行されている場合には、裁判所は、申立てにより、行政庁がその執行を撤回しなければならないこと、及びその方法を、あわせ言い渡すことができる。この言渡しは、行政庁がこれをすることができ、かつ、この問題が裁判をするのに熟しているときに限り、することができる。その行政行為がすでに撤回又はその他の方法により解決されている場合において、原告がその違法の確認につき正当な利益を有するとき、裁判所は、申立てにより、判決で、その行政行為が違法であった旨を言い渡す。

②　金額を確定し又はこれと関連のある確認に係わっている行政行為の変更を原告が請求するとき、裁判所はその金額を別の金額に確定し又はその確認を別な確認に置き換えることができる。確定又は確認されるべき金額の計算が、過大でなくはない費用を必要とするときには、裁判所は、不当に斟酌され又は斟酌されていなかった事実上の又は法律上の事情を陳述することによって、その行政行為の変更を、次のように決めることができる。行政庁がその裁判に基づいてその金額を算定できる。行政庁はそのあらたな算定の結果を当事者に遅滞なく略式により通知する。その裁判の確定後は、当該変更された内容の行政行為があらたに告知されなければならない。

③　裁判所がさらに事実の解明を必要だと認める場合において、当該さらに相応な調査がその態様又は程度の点で重要であり、かつ、

第3編 手 続

行政行為及び不服審査裁決の取消が当事者の事実上の利害を斟酌しても有用である範囲において、裁判所は、本案についてみずから裁判をすることなく、行政行為及び不服審査裁決を取消すことができる。申立てにより、裁判所は、その新しい行政行為のなされるまでの間、仮の措置命令を行うことができる。裁判所は、とくに担保を立てなければならず、又はその全部若しくは一部について担保を残しておかなければならず、そしてその担当提供がさしあたっては返還の保証をする必要のないことを、決めることができる。その決定はいつでも変更又は取消することができる。第1文による裁判は、行政庁の文書が裁判所に到達したのち6月以内に限ってなすことができる。

④　行政行為の取消しのほかに給付を請求することができるとき、同じ手続において、給付すべしとの判決もまたすることができる。

⑤　行政行為の拒否又は不作為が違法であり、かつ、それにより原告がその権利を侵害されている場合において、その事件が判決をするのに熟しているとき、裁判所は行政庁に対し、申立てに係る職務行為に着手すべしとの義務を言い渡す。その事件が義務づけの裁判をするのに熟していないときは、裁判所は、裁判所の法的見解を尊重して原告に決定をなすべき義務を言い渡す。

第112条〔行政庁の裁量〕

①　行政庁がその裁量により行為をする権限を有する場合において、裁判所は、その裁量が法律上の限界を踰越し、又は授権の目的に適合しない態様で裁量がなされたため、行政行為又は行政庁の拒否若しくはその不作為が、違法であるかどうかについても、審査をする。

②　行政庁は、前項の審査の場合において、その行為の基礎とさ

れた、行政手続法第5条第1項に規定する審査基準又は同法第12条第1項に規定する処分基準を裁判所に提出し、その合理性と合目的性を説明するものとする。

③　行政庁は、係争の行政行為に関する裁量上の考慮事由を行政裁判手続においてさらに補充することができる。この場合には、第107条第2項の規定を準用する。

第113条〔不服審査裁決の取消の訴え〕

第71条第1項第2号及び第2項の規定により、不服審査裁決が取消の訴えの対象である場合には、第111条及び第112条の規定を準用する。

第114条〔判決の告知と送達〕

①　判決は、口頭弁論が行われたときは、原則として、口頭弁論の終結した日に告知をし、特別の場合にはただちに指定する期日に告知をする。この期日は、2週間を越えて定めないものとする。判決は、当事者に送達しなければならない。

②　判決の送達をもって、告知に代えることができる。この場合には、判決は、口頭弁論から2週間以内に書記課に交付しなければならない。

③　裁判所が口頭弁論を経ないで裁判をする場合には、告知に代え、当事者への送達による。

第115条〔判決書の形式と内容〕

①　判決は、書面に作成し、その裁判に関与した裁判官が署名しなければならない。裁判官が署名をするに支障があるときには、裁判長が、裁判長に支障があるときは勤続年数の最も長い陪席裁判官が、支障の理由を付して、その旨を判決に付記する。市民裁判員の

署名は必要としない。

② 判決には、次の事項を記載する。

一 当事者、その法定代理人及び代理人の氏名、職業、住所及びその手続における地位についての表示

二 主文

三 事実

四 理由

五 上訴の教示

六 裁判所及び裁判に関与した構成員についての表示

③ 事実の欄においては、事実状態及び紛争状態を、提出された申立てに主眼を置いて、その本質的内容に従い、簡潔に叙述しなければならない。詳細について、書面、調書及びその他の資料を、これらから事実状態及び紛争状態が十分に明かとなる範囲において、示すものとする。

④ 告知の際まだ完全に文書に作成されていなかった判決は、告知の日から起算して2週間の経過前に、完全に作成して、書記課に交付しなければならない。例外としてこれができないときは、事実、裁判の理由及び上訴の教示を省略して、裁判官の署名した判決を、この2週間以内に、書記課に交付しなければならない。事実、裁判の理由及び上訴の教示は、後にただちに作成し、裁判官別に署名して、書記課に交付しなければならない。

⑤ 裁判所が当該行政行為又は不服審査裁決の附記理由を支持し、かつ、この旨をその裁判のなかで確認する限りにおいて、裁判所は判決の理由中でさらに叙述することを省くことができる。

⑥ 裁判所書記官は、送達の日及び第114条第1項第1文の場合には告知の日を判決に付記し、かつ、その付記に署名しなければならない。

第1部　2001年行政事件訴訟法草案

第116条〔判決の訂正〕

① 裁判所は、判決中の誤記、計算違い及びこれに類する明白な誤りを、いつでも訂正しなければならない。

② 訂正については、あらかじめ口頭弁論を経ないで、裁判をすることができる。訂正決定は、判決及び正本に付記する。

第117条〔事実の訂正を求める申立て〕

① 判決の事実に、その他の誤り又は不明があるときは、判決の送達から2週間以内にその訂正を申し立てることができる。

② 裁判所は、証拠調べをしないで、決定で、裁判をする。この決定に対しては、不服を申し立てることができない。判決に関与した裁判官だけが、その裁判に関与する。裁判官に支障がある場合において、可否同数のときは、裁判長の意見により決する。訂正判決は、判決及び正本に付記する。

第118条〔判決の補充〕

① 事実について、当事者がした申立て又は費用の負担が、裁判の際その全部又は一部について脱漏していたときは、申立てに基づいて、後日の裁判で、当該判決を補充しなければならない。

② 判決の送達から2週間以内に、その裁判を申し立てなければならない。

③ 口頭弁論は、法的紛争のうち解決しない部分のみをその対象とする。

第119条〔判決の実質的既判力〕

既判力の生じた判決は、訴訟物について裁判された範囲において、次の者を拘束する。

　一　当事者及びその承継人

二 第57条第1項の場合には、参加人及びその承継人
三 第57条第3項の場合には、参加の申立てをしなかった者又は期間内にしなかった者

第120条〔決定の準用規定〕

① 第84条、第105条第1項第1文、第116条、第117条及び第118条の規定は、決定に準用する。

② 決定に対して上訴により不服を申立てることができるとき、又は決定が法的救済を裁判するとき、決定は、理由を付さなければならない。執行の停止（第72条、第73条）についての決定、及び仮処分命令（第120条）についての決定並びに本案における法的紛争の解決後の決定（第160条第2項）は、常に理由を付さなければならない。上訴について裁判する決定は、裁判所が係争の裁判の理由からその上訴を理由なしとして棄却する場合には、それ以上の理由を必要としない。

第5章　仮処分

第121条〔仮処分命令〕

① 現状の変更により、申立人の権利の実現が不能となり、又は著しく不服の生じるおそれがあるときは、裁判所は、申立てにより、訴えの提起前においても、訴訟物に関連して仮処分命令を発することができる。仮処分命令は、争われている法律関係に関連して仮の地位を措置命令するためにも、適法である。ただし、この措置命令が、ことに著しい不利益を予防し若しくは急迫な権限の行使を防ぐため、又はその他の理由に基づき必要と認められる場合に限る。

② 仮処分命令を発するには、本案の裁判所が管轄する。本案の

裁判所は、第一審の裁判所とし、本案が控訴審に係属するときは、控訴裁判所とする。第72条第8項の規定を準用しなければならない。

③　仮処分命令を発するに、民事保全法第23条から第25条まで、第52条から第56条まで及び第58条から第65条までの規定を準用する。

④　裁判所は、決定で裁判をする。

⑤　第1項から第3項までの規定は、第72条及び第73条の場合に、適用しない。

第122条〔内閣総理大臣の異議〕

①　第72条第5項又は第120条第1項の申立てがあった場合には、内閣総理大臣は、裁判所に対し、異議を述べることができる。執行停止の決定又は仮処分命令があった後においても、同様とする。

②　前項の異議の場合には、理由を付さなければならない。

③　前項の異議の理由においては、内閣総理大臣は、執行停止処分の禁止又は仮処分命令の禁止をしなければ、公共の福祉に重大な影響を及ぼすおそれのある事情を示すものとする。

④　第1項の異議があったときは、裁判所は、執行停止をすることができず、また、すでに執行停止の決定をしているときは、これを取り消さなければならない。仮執行命令についても、同様とする。

⑤　第1項第2文の異議は、執行停止の決定又は仮処分の命令をした裁判所に対して述べなければならない。ただし、その決定に対する抗告が抗告裁判所に係属しているときは、抗告裁判所に対して述べなければならない。

⑥　内閣総理大臣は、やむを得ない場合でなければ、第1項の異議を述べてはならず、また、異議を述べたときは、次に開催される

国会の本会議においてこれを報告しなければならない。

第4編　上訴及び再審

第1章　控　　訴

第 123 条〔控訴の受理－受理理由〕

① 第 108 条の規定による一部判決を含む終局判決に対して、並びに第 106 条及び第 109 条の規定による中間判決及び第 107 条の規定による事情判決に対しては、当事者は、高等裁判所により受理されるとき、控訴することができる。

② 控訴は、次のいずれかの場合に、受理しなければならない。

一　判決の正当性について重大な疑いがあるとき。

二　法律問題がとくに事実上の又は法律上の観点で難しいとき。

三　法律問題が基本的な意義をもつとき。

四　判決が、高等裁判所又は最高裁判所の判例と相反して判断し、かつこの判断を拠りどころとしているとき。

五　控訴裁判所の判断の基礎とされた手続上の瑕疵が主張され、かつその裁判の拠りどころとしうる手続上の瑕疵があるとき。

第 124 条〔控訴の受理手続〕

① 控訴の受理は、判決の送達から1月以内に、申立てられなければならない。申立ては、地方裁判所に提起しなければならない。申立ては係争の判決を表記しなければならない。申立てには、控訴を受理しなければならない理由が、申述されなければならない。申立ての提起は、判決の確定を妨げる。

② 高等裁判所は、決定で、申立てについて裁判をする。高等裁

判所は、その申立てを認容するとき、又は全会一致でその申立てを却下するとき、理由の附記を省略することができる。申立ての却下と同時に、その判決は確定する。高等裁判所が控訴を受理するとき、その申立て手続は控訴手続として続行する。控訴の提起は必要でない。

③　控訴は、その控訴の受理のあるとき、その決定の送達から1月以内に、理由書を提出しなければならない。その控訴理由書は、高等裁判所に提出しなければならない。裁判長は、理由書提出期間を、その経過前に提起された申立てに基づいて、延長することができる。控訴理由書は、特定の申立てを掲げなければならず、詳細に申述されるべき控訴理由を含まなければならない。これらの要件の一が欠けるとき、その控訴は不適法とする。

第125条〔控訴手続－不受理抗告〕

①　控訴審の手続には、この章に別段の定めのある場合を除いて、第3編の規定を準用する。

②　控訴は、不適法であるとき、却下されなければならない。その裁判は決定でおこなうことができる。当事者は、その前に聴聞を受けなければならない。その決定に対して、当事者は、もし裁判所が判決で裁判をしたとすれば適法とされたであろう上訴をすることができる。当事者はこの上訴の教示を受けなければならない。

第126条〔取下げ〕

①　控訴は、その判決の確定までの間、取り下げることができる。口頭弁論において申立てがなされた後の取下げは、被告の同意を必要とする。

②　控訴人が裁判所の催告にもかかわらずその手続を3月以上進めないとき、控訴は取り下げられたものとみなされる。前項第2文

の規定を準用する。控訴人は、その催告のなかで、第1文及び第155条第2項から生じる効果について摘示を受けなければならない。裁判所は、決定で、その控訴が取り下げられたものとみなす旨を、確認する。

③　提起された上訴は、控訴の取り下げがあった部分については、初めから係属していなかったものとみなす。裁判所は、決定で、費用負担につき裁判をする。

第127条〔附帯控訴〕

被控訴人及びその他の当事者は、口頭弁論の進行中においても、すでに控訴を放棄しているときも、附帯控訴をすることができる。附帯控訴が控訴期間の経過後にはじめて提起された場合、又は当事者がその控訴を放棄した場合においては、控訴が取り下げられたとき、又は控訴が不適法として却下されたときに、附帯控訴はその効力を失う。

第128条〔審理の範囲――新たな提出〕

高等裁判所は、控訴の申立ての範囲内において、地方裁判所と同じ範囲にわたり、紛争事件を審理する。高等裁判所は、新たに提出された事実及び証拠方法をも斟酌する。

第129条〔新しい説明と証拠方法〕

①　新しい説明及び証拠方法が、第1審においてそのために指定された期間に反して提出されなかった場合において、その新たな説明及び証拠方法が許可されるのは、裁判所の自由な心証によりその許可が法的紛争の解決を遅延させないであろうとき、又は当事者がその提出の遅れを十分に弁明するときに限る。弁明理由は、裁判所の求めにより、疎明されなければならない。当事者が第1審におい

て期間の懈怠の効果について第83条第3項第3号の規定による教示をうけなかったとき、又は、当事者の協力がなくても事実関係を調査することが、わずかな費用でできるとき、第1文を適用する。

② 地方裁判所が正当に却下した説明及び証拠方法は、控訴手続きにおいても排除される。

第130条〔申立てに対する拘束〕

地方裁判所の判決は、変更が申し立てられた範囲に限り、変更することができる。

第131条〔破棄差戻し〕

① 高等裁判所の判決は、次に掲げるいずれかの場合には、判決で、係争の裁判を破棄して、その事件を地方裁判所に差し戻すことができる。

一 地方裁判所が、本案についてみずからまだ裁判をしていなかったとき。
二 手続に重大な瑕疵があるとき。
三 裁判にとって重要な、新たな事実又は証拠方法が知られるに至ったとき。

② 地方裁判所は、控訴審裁判の法的判断に拘束される。

第132条〔決定による全会一致の裁判〕

高等裁判所は、控訴を全会一致で理由ありと認め又は全会一致で理由なしと認め、かつ、口頭弁論を必要なしと認めるときは、その控訴を決定で裁判をすることができる。

第125条第2項第3文から第5文までの規定を準用する。

第133条〔引用判決〕

高等裁判所は、地方裁判所の事実の確定をすべての範囲について

支持するとき、その控訴についての判決のなかで、係争の裁判中の事実を引用することができる。高等裁判所は、係争の裁判の理由に基づいてその控訴を理由なしとして棄却するとき、裁判の理由をさらに叙述することを省略することができる。

第2章 上　　告

第134条〔上告の受理〕

① 高等裁判所の判決（第41条第1号）及び第39条第5項第1文の規定による決定に対して、当事者は、最高裁判所に上告を提起することができる。ただし、第135条の場合を除くほか、その高等裁判所が上告を受理したとき、又は却下に対する抗告に基づき、最高裁判所がその上告を受理したときに限る。

② 上告は、次に掲げるいずれかの場合に限り、受理しなければならない。

一　判決に憲法の解釈の誤りがあり、その他憲法の違反があるとき。
二　法律問題が基本的な意義をもつとき。
三　判決が最高裁判所の判例と相反する判断をし、かつこの判断を拠りどころとしているとき。
四　手続上の瑕疵が主張され、かつその裁判が拠りどころとしうる手続上の瑕疵が存在するとき。

③ 最高裁判所はその受理に拘束される。

④ 高等裁判所にする上告は、判決に影響を及ぼすことが明かな法令の違反があることを理由とするときも、することができる。

第135条〔不受理抗告〕

① 上告の却下に対しては、抗告によって、不服を申し立てることができる。

② 抗告は、その判決につき上告を提起すべき裁判所に、完全な判決の送達から1月以内に提起しなければならない。抗告は、係争の判決を表示しなければならない。

③ 抗告は、完全な判決の送達から2月以内に理由書を提出しなければならない。抗告理由は、その判決に対し上告を提起すべき裁判所に、提出しなければならない。その抗告理由には、その法律問題の基本的な意義が陳述され、又は当該判決に相反する判例若しくは手続上の瑕疵を表示しなければならない。

④ 抗告の提起は判決の確定を妨げる。

⑤ 抗告が容認されないとき、理由が上告を受理する要件の解明に寄与するに適している場合を除いて、理由を省略できる。最高裁判所が抗告を退けると同時に、その判決は確定する。

⑥ 第134条第2項第4号の要件が備わるとき、最高裁判所は決定で係争の判決を破棄し、そして下級審でさらに弁論及び裁判をさせるためその法的紛争を差し戻すことができる。

第136条〔飛躍上告〕

① 原告と被告が書面により飛躍上告に同意するとき、及び地方裁判所が判決で、又は申立てにより決定で、飛躍上告を受理するとき、当事者は、地方裁判所の判決に対して（第41条第2号）、控訴審を回避して、最高裁判所に上告をすることができる。申立ては、完全な判決の送達から1月以内に書面により提起されなければならない。同意書は、申立書に、又は上告が判決で受理されたときは、上告状に添付しなければならない。

② 第134条第2項第1号又は第2号の要件が満たされるときに限り、上告は受理されなければならない。最高裁判所はその受理に拘束される。受理の却下に対しては、不服を申し立てることができない。

③ 地方裁判所が上告の受理を求める申立てを決定で却下するとき、この裁判の送達と同時に、控訴期間又は控訴の却下に対する抗告のための期間の進行が始まる。ただし、その申立てが法定の期間と形式により提起され、かつ、同意書が添付された場合に限る。地方裁判所が上告を決定で受理する場合、上告期間の進行は、この裁判の送達と同時に進行する。

④ 上告は、手続上の瑕疵を拠りどころにすることはできない。

⑤ 上告の提起及び同意は、地方裁判所が、その上告を受理したとき、控訴の放棄とみなされる。

第137条〔控訴禁止の場合の上告〕

法律により控訴が禁じられている場合に、当事者は、地方裁判所の判決に対して（第41条第2号）、最高裁判所に上告をすることができる。上告は、地方裁判所が上告を受理したとき、又は却下に対する抗告に基づき最高裁判所が上告を受理したときに限り、提起することができる。受理には、第134条及び第135条の規定を準用する。

第138条〔上告理由〕

① 上告は、係争の判決が憲法又は次の法律若しくは条例の違反に基づくことを理由とするときに限り、提起することができる。

一 法律
二 行政手続法の規定に相当する、地方公共団体の行政手続条例の規定

三　行政機関の保有する情報の公開に関する法律に相当する、地方公共団体の情報公開条例の規定

②　最高裁判所は、係争の判決においてなされた事実の確定に拘束される。ただし、この認定に関し、適法かつ理由のある上告理由書が提出されたときは、この限りでない。

③　上告が手続の瑕疵をその理由とし、かつ、同時に第134条第2項第1号から第3号までの要件の一が具備されない場合には、主張に係る手続上の瑕疵についてのみ裁判をしなければならない。その他の場合には、最高裁判所は、主張された上告理由に拘束されない。

第139条〔絶対的上告理由〕

判決は、次の場合には、常に法律の違反に基づくものとみなされなければならない。

一　法律に従って判決裁判所を構成しなかったとき。

二　法律により裁判官の職務の従事を除斥された裁判官、又は裁判の公正を妨げるべき事情があるため、忌避の申立てが認められた裁判官が、裁判に関与したとき。

三　法律上の聴聞が、一の当事者に拒まれたとき。

四　法定代理権、訴訟代理権又は代理人が訴訟行為をするのに授権を欠いていたとき。ただし、その当事者が明示に又は黙示に訴訟追行に同意した場合（民事訴訟法第34条第2項）を除く。

五　判決が、手続の公開に関する規定に違反した、口頭弁論に基づいてなされたとき。

六　裁判が理由に付せず、又は理由に食い違いがあるとき。

七　専属管轄に関する規定に違反したとき。

第4編　上訴及び再審

第140条〔上告期間－理由書提出－形式〕

①　上告は、第136条第3項第3文の規定による上告の受理に関する完全な判決又は決定の送達から1月以内に、書面により、係争の判決をした裁判所に、提起しなければならない。上告がその期間内に最高裁判所に提起されるときも、上告期間は遵守されるものとする。上告には、係争の判決を表示することを要する。

②　上告の却下に対する抗告が容認される場合、又は最高裁判所が上告を受理する場合、最高裁判所が第135条第6項の規定による係争の判決を破棄するときを除いて、その抗告手続は上告手続として続行される。抗告人による上告の提起は必要でない。その決定で、その旨を摘記しなければならない。

③　上告は、第136条第3項第3文の規定による上告の受理に関する完全な判決又は決定の送達から2月以内に、理由を付さなければならない。第2項の場合には、上告理由書の提出期間は、上告の受理に関する決定の送達から1月とする。上告理由書は最高裁判所に提出しなければならない。裁判長は、上告理由書の提出期間を、その期間の経過前に提起された申立てにより、延長することができる。その上告理由は、特定の申立てを掲げなければならず、当該侵害された法規範及び、手続上の瑕疵が責問されている範囲において、その瑕疵を生じさせた事実を記載しなければならない。

第141条〔取下げ〕

①　上告は判決の確定に至るまで、取り下げることができる。口頭弁論において申立てをした後の取下げは、被上告人の同意を必要とする。

②　提起された上訴は、上訴の取り下げがあった部分については、初めから係属していなかったものとみなす。裁判所は、決定により、

費用の負担につき裁判をする。

第142条〔上告手続〕

上告には、この章に別段の定めがある場合を除いて、控訴に関する規定を準用する。ただし、第82条、第132条及び第133条の規定を適用しない。

第143条〔訴えの変更・訴訟参加の不許〕

① 訴えの変更及び参加は、上告の手続においては、許されない。第57条第2項の規定による参加は、その限りでない。

② 第57条第2項の規定による上告手続における参加人は、参加決定の送達から2月以内に限って、手続上の瑕疵を責問することができる。裁判長は、当該期間を、その期間の経過前に提起された申立てにより、延長することができる。

第144条〔適合要件の審査〕

最高裁判所は、上告が許されているかどうか、及び上告が法定の方式により法定の期間内に提起され、かつ上告理由書が提出されているかどうかを審査する。これらの要件の一を欠くときは、上告は不適法とする。

第145条〔上告についての裁判〕

① 上告が不適法であるときは、最高裁判所は、決定でこれを却下する。

② 上告が理由のないときは、最高裁判所は、上告を棄却する。

③ 上告が理由のあるときは、最高裁判所は、

一 本案についてみずから裁判をすることができる。

二 係争の判決を破棄し、かつ、下級審でさらに弁論及び裁判をさせるため、その事件を差し戻すことができる。

第143条第1項第2文の規定による上告手続における参加人が法的紛争の差戻しにつき正当な利益を有するとき、最高裁判所はその法的紛争を差し戻す。

④　裁判の理由が現行法に違反するが、その裁判自体が他の理由により正当であると認められるときは、上告は棄却しなければならない。

⑤　最高裁判所は、第41条第2号及び第136条の規定による飛躍上告の場合において、さらに別の審級の弁論及び裁判をさせるため、その事件を差し戻すときは、その裁量により、控訴につき管轄権を有したであろう高等裁判所にもその事件を差し戻すことができる。この場合には、高等裁判所における手続には、もし法的紛争が手続法に基づいて控訴が提起され高等裁判所に係争した場合と同じ原則を適用する。

⑥　さらに弁論及び裁判をさせるためその事件を差し戻された裁判所は、上告裁判所の法律判断を自己の裁判の基礎としなければならない。

⑦　最高裁判所が手続上の瑕疵についての責問を強固なものと認めない限り、上告についての裁判は理由付記を必要としない。第139条の規定による責問及び上告によって専ら手続上の瑕疵が主張されるときは、上告の受理に対する責問についてはその限りでない。

第3章　抗　　告

第146条〔抗告の適法性・許可抗告〕

①　判決又は略式判決以外の、地方裁判所の裁判及び地方裁判所の裁判長又は受命裁判官の裁判に対しては、当事者及びその他その裁判の結果により影響を受ける者は、この法律に別段の定めがある

場合を除いて、高等裁判所に抗告することができる。

② 訴訟指揮に関する処置、釈明命令、弁論又は期日指定に関する決定、証拠決定、証拠申出の拒否に関する決定、手続及び請求の併合分離に関する決定並びに裁判所職員の忌避に関する決定に対しては、抗告により、不服を申し立てることができない。

③ そのほか、上告の却下に対する法律に定める抗告を除くほか、費用、手数料及び立替金に関する争訟について、抗告の目的物の価格が 25 万円以下である場合は、抗告は認められない。

④ 執行の停止（第 72 条、第 73 条）に関する地方裁判所の決定及び仮処分命令（第 121 条）に関する決定に対し、並びに訴訟費用扶助の手続における決定に対しては、高等裁判所が第 123 条第 2 項を準用してその抗告を許可したときに限り、当事者は抗告をすることができる。

⑤ 抗告の許可を求める申立ては、その裁判を知るに至った日から 2 週間以内に、地方裁判所に提起しなければならない。その申立ては、係争の決定を表示しなければならない。申立てには、抗告を許可する根拠となる理由を申述しなければならない。

⑥ 地方裁判所が遅滞なく移送する申立てについて、高等裁判所は決定で裁判をする。第 124 条第 2 項第 2 文及び第 4 文を準用しなければならない。第 148 条第 1 項は適用しない。

第 147 条〔抗告の提起〕

① 抗告は、裁判を知るに至った日から 2 週間以内に、係争の裁判をした裁判所に、書面により、又は裁判所書記官の作成する調書により、提起しなければならない。第 59 条第 1 項第 2 号の規定は、影響を受けない。

② 抗告期間は、その抗告が期間内に高等裁判所に提起されると

きにも、遵守されたものとする。

第148条〔地方裁判所による更正又は高等裁判所への移送〕

① 係争の裁判をした地方裁判所又は裁判長若しくは受命裁判官は、その抗告に理由があると認めるときは、その抗告を更正しなければならない。それ以外の場合には、抗告を、遅滞なく高等裁判所に移送しなければならない。

② 地方裁判所は、当事者に対して、高等裁判所に抗告を移送したことを通知しなければならない。

第149条〔執行停止の効力〕

抗告は、行政秩序の手段及び強制手段の確定をその対象とするときに限り、執行停止の効力を有する。係争の裁判をした裁判所又は裁判長若しくは受命裁判官は、その他の場合においても、係争の裁判の執行を一時停止しなければならない旨を決めることができる。

第150条〔決定による裁判〕

高等裁判所は、抗告について、決定で、裁判をする。

第151条〔異議の申立て〕

受託裁判官若しくは受命裁判官又は裁判所書記官の裁判に対しては、知るに至った日から2週間以内に、その裁判所の裁判を申し立てることができる。申立ては、書面により、又は裁判所書記官の作成する調書により、提起しなければならない。第147条から第149条までの規定を準用する。

第152条〔最高裁判所への抗告の禁止〕

① 高等裁判所の裁判は、第96条第2項及び第135条第1項の場合を除くほか、最高裁判所への抗告により、不服を申し立てるこ

とはできない。

② 最高裁判所における手続においては、受託裁判官若しくは受命裁判官又は裁判所書記官の裁判につき、第151条の規定を準用する。

第4章　再　　審

第153条〔再　審〕

① 確定判決により終結した手続は、民事訴訟法第4編の規定に従って、再審することができる。

② 確定判決により終結した手続の再審は、無効の訴え及び原状回復の訴えによりこれをすることができる。

③ 双方の訴えが同一の当事者又は異なる当事者により提起されたときは、原状回復の訴えに関する弁論及び裁判は、無効の訴えに関する裁判が確定するまでの間、これを中断しなければならない。

④ 次に掲げる事由がすべて備わっている場合には、確定した終局判決に対し、第三者は再審の訴えをもって、不服を申し立てることができる。ただし、第三者が第57条の規定による参加によりその事由を主張したとき、又はこれを知りながら主張しなかったときは、この限りでない。

一　その終局判決により権利が害されること。

二　その第三者の責に帰することができない理由により訴訟に参加することができなかったこと。

三　そのため、判決に影響を及ぼすべき攻撃又は防御の方法を提出することができないこと。

第5編　費用及び執行

第1章　費　　用

第154条〔費用負担義務の原則〕

① 敗訴の当事者が、費用を負担する。

② 成果のなかった上訴の費用は、上訴を提起した者の負担に帰する。

③ 参加人が申立て又は上訴を提起した場合に限り、参加人に費用を負担させることができる。

④ 成果のあった再審手続の費用は、国庫に分担させることができる。ただし、その費用が当事者の故意又は過失によって生じたときは、この限りでない。

第155条〔一部勝訴・取下げ、回復、移送、故意過失の場合の費用
　　　　　負担義務〕

① 当事者が一部勝訴し、一部敗訴したときは、費用を相殺するか、又は按分しなければならない。費用が相殺されたときは、裁判費用は、各自が折半して負担する。他方の当事者の敗訴が小部分にすぎないときは、一方の当事者に費用の全部を負担させることができる。

② 申立て、訴え、上訴又はその他の法的救済を取り下げた者は、費用を負担しなければならない。

③ 期間徒過の原状回復の申立てによって生じた費用は、申立人が負担する。

④ 当事者の故意又は過失によって生じた費用は、その当事者に

負担させることができる。

第156条〔即時認諾の場合の費用負担義務〕

　被告が、その者の態度により訴えの提起を誘発したのではない場合において、被告がただちに請求を認諾するときは、訴訟費用は、原告の負担に帰する。

第157条〔費用の裁判に対する取消請求〕

　①　費用に関する裁判に対する不服の申立ては、本案の裁判に対して上訴を提起しないときは、許されない。

　②　本案の裁判がなされなかったとき、費用に関する裁判に対しては、不服の申立をすることができない。

第158条〔共同訴訟の場合の費用負担義務〕

　費用を負担する義務を負う側が複数の者からなるときは、民事訴訟法第65条の規定を準用する。争われている法律関係が、費用を負担する義務を負う側に対して合一にのみ裁判することができるとき、費用は、連帯債務者としてその複数の者に負担させることができる。

第159条〔和解の場合の負担〕

　①　当事者が法的紛争を裁判所において和解をした場合において、当事者が和解の費用又は裁判費用の負担について特別の定めをしなかったときは、裁判費用は、各自が折半して負担する。裁判外の費用は、当事者が各自負担する。

　②　和解の場合の費用額の確定手続については、民事訴訟法第72条を準用する。

第5編　費用及び執行

第160条〔費用裁判・解決・不作為の訴え〕

①　裁判所は、判決において、又は手続がその他の方法により完結したときは決定で、費用について裁判をしなければならない。

②　法的紛争が本案につき解決されたときは、裁判所は、第111条第1項第4文の場合を除くほか、決定で、費用について、衡平な裁量により、裁判をする。従前の事実状態及び紛争状態を斟酌しなければならない。この場合に、民事訴訟法第62条から第70条までの規定を準用する。

③　第68条の場合において、原告が訴えの提起前に被告の決定を期待できたときは、費用は常に被告の負担に帰する。

第161条〔償還を受けうる費用〕

①　費用とは、前置手続の費用を除いて、裁判費用（手数料及び立替金）及び目的に適う権利の伸張又は防御に必要な当事者の支出をいう。

②　弁護士又は法律補佐人の手数料及び立替金は、租税事件の場合には税理士の手数料及び立替金も、常に償還を受けることができる。ただし、国等は、却下の裁判の場合を除いて、手数料及び立替金の償還を受けることができない。

③　参加人の負担した裁判外の費用は、裁判所が衡平の見地から敗訴の当事者又は国庫にその費用を分担させたときに限り、償還を受けることができる。

第162条〔費用の確定〕

①　第1審裁判所の裁判所書記官は、申立てにより、償還すべき費用の額を確定する。

②　費用の確定手続には、民事訴訟法第71条から第74条までの規定を準用する。

第163条〔費用確定の異議の申立〕

当事者は、償還すべき費用の額の確定に対して、不服を申立てることができる。第151条の規定を準用する。

第164条〔訴訟上の救助〕

訴訟上の救助に関する民事訴訟法第82条から第86条までの規定を準用する。

第2章　執　　行

第165条〔適用規定・管轄・仮の執行権〕

① この法律に別段の定めがない限り、執行については、民事執行法（昭和54年3月30日法律第4号）の規定を準用する。執行裁判所は、第1審の裁判所とする。

② 取消の訴え及び義務づけの訴えに対する判決は、費用についてのみ、仮執行の宣言を付すことができる。

第166条〔債務名義〕

① 執行は、次に掲げるものに基づいてする。

一　確定裁判及び仮執行の宣言を付した裁判

二　仮処分命令

三　裁判上の和解

四　費用確定決定

五　仲裁裁判所の執行の宣言を付した仲裁。ただし、執行力に関する裁判が、確定し、又は仮執行の宣言を付されたときに限る。

② 執行のため、当事者に対して、その者の申立てにより、事実及び裁判の理由を省略した判決の正本を交付することができる。この正本の送達は、完全な判決の送達と同一の効力を有する。

第167条〔公法上の権利主体のための執行〕

① 公租公課権者としての国、都道府県、市町村連合、市町村その他の公法上の法人のために執行をすべきとき、執行には、法律に別段の定めがない限り、民事執行法の規定を準用する。民事執行法に規定する執行機関は、第1審裁判所の裁判長とする。裁判長は、その執行を遂行するため、他の執行機関又は裁判所執行官に委託することができる。執行には第72条を準用する。

② 作為、受忍及び不作為を強制する執行は、行政共助の方法により、都道府県の機関によってなされるとき、条例の規定に従って実施されなければならない。

第168条〔公法上の権利主体に対する執行〕

① 国、都道府県、市町村連合、市町村その他の公法上の法人に対し執行されるべきとき、強制執行には民事執行法の規定を準用する。第167条の規定は、影響しない。執行裁判所は、第1審裁判所とする。

② 前項の場合に、金銭債権を理由に執行をすべき場合には、債権者の申立てにより、執行裁判所がその執行を処分する。執行裁判所は、行うべき執行処分を定め、これを実施するため、所轄機関に委託する。委託を受けた機関は、自己に適用される執行規定により、この委託を追行する義務を負う。

③ 裁判所は、執行処分をする前に、行政庁に対し又は国若しくは地方公共団体その他の公法上の法人に対して執行すべき場合には、その法定代理人に対し、裁判所の定める期間内に執行を免れる措置をなすべき旨の督促とともに、当該行おうとする執行について通知をしなければならない。期間は1月を越えてはならない。

④ 執行は、公の任務の履行のために欠くことができない物件、

又はその譲渡が公の利益に反する物件に対しては、許されない。異議について、裁判所は、所轄監督庁を尋問して、国若しくは地方公共団体の最上級行政庁の場合には所轄大臣を尋問して裁判をする。

⑤　公法上の金融機関には、第1項から第4項までの規定を適用しない。

⑥　仮処分命令の執行が問題である場合には、執行の予告及び猶予期間の遵守を必要としない。

第169条〔執行文〕

第167条、第168条第1項から第3項までの場合においては、執行文を必要としない。

第170条〔行政庁に対する罰金刑〕

第111条第1項第2文及び第5項並びに第121条の場合において、行政庁が、判決又は仮処分命令により課せられた義務を遂行しないときは、第1審の裁判所は、申立てにより、決定で、その行政庁に対して、期間を定めて100万円以下の罰金刑を科すことを戒告し、効果が無く期間を経過した後は、これを確定し、かつ、職権で執行することができる。罰金刑を、繰り返し戒告し、確定し、かつ、執行することができる。

第6編　経過規定

第171条〔民事訴訟法及び裁判所法の準用〕

この法律が手続に関する規定を定め、かつ、民事訴訟手続と行政訴訟手続の性質が基本的に相違するため準用を禁じる場合を除いて、裁判所法、民事訴訟法、民事執行法、民事訴訟費用等に関する法律及び民事保全法並びに民事訴訟規則の規定を準用しなければならな

第6編　経過規定

い。

第172条〔行政裁判所〕

①　行政裁判権のある裁判所は、別に法律で行政裁判所及び高等裁判所がその全部又は一部につき設立されるまでの間、地方裁判所、高等裁判所及び最高裁判所に属する専門部をもってこれに代えるものとする。

②　第3章（市民裁判員）の規定は、別段の規定のある場合を除き、この法律の施行後5年を経過してから適用する。

第173条〔憲法裁判所〕

①　公法上の争訟のうち憲法上の争訟（この法律で「憲法事件」という。）を裁判する権限は、別に法律で憲法裁判所がその全部又は一部につき設立されるまでの間、高等裁判所及び最高裁判所に属する専門部をもってこれに代えるものとする。

②　高等裁判所に属する専門部は、その憲法裁判権のある範囲において、選挙人たる資格、その他の資格で提起する申立てにより、特に次に掲げる行為の効力について、裁判をする。

一　公職選挙法第203条、第204条、第207条、第208条に規定する選挙の効力

二　最高裁判所裁判官国民審査法第36条に規定する審査の効力

③　憲法事件についての裁判は、当分の間、裁判例と学説の発展にゆだねるものとする。

第174条〔最高裁判所規則への委任〕

①　この法律に定めるものの他、この法律の施行の際現に裁判所に係属し、又は執行官が取り扱っている事件の処理に際し必要な事項は、最高裁判所規則で定める。

第175条〔施行期日〕

① この法律は、平成　　年　月　日に効力を生じる。

第176条〔経過規定〕

① この法律の発効と同時に、同じ対象を規律している従来の法律及び命令の規定はすべて廃止する。

② 第3章（市民裁判員）による候補者名簿は、この法律の発効から4年以内に初めて作成されなければならない。選任された市民裁判員は、当分の間、その職に就くに先立ち、研修を受けるものとする。

第 2 部　2001 年行政事件訴訟法草案の提案理由

1　行政裁判権の発展

　1872 年（明治 5 年司法省布達 46 号）から大日本帝国憲法に至るまでに、地方官庁の違法処分について、人民は地方裁判所または司法省裁判所に出訴しうる制度が創設された（参照　伊藤博文『憲法義解』（1889 年）104 頁以下〔宮沢俊義校注・岩波文庫 99 頁〕）のにつづき、1874 年（明治 7 年司法省布達 24 号）には、地方官と人民との紛争については、行政裁判所が受訴し、その司法官が具状（意見を付）して太政官（行政庁の機関）に申裏する制度がほぼ定着した（参照　行政裁判所・行政裁判所五十年史（1941）、和田英夫「行政裁判」講座日本近代法発達史 3　（1958）87 頁以下）。

　大日本帝国憲法下（第 61 条）では、行政裁判権の分野において行政裁判法（1890 年法律 48 号）、法律 106 号（1890 年 10 月 10 日）、訴願法（1890 年 105 号）が制定された。しかしながら、実効的かつ包括的な行政権利保護は未だ達成されていなかった。なぜなら、行政裁判所の独立性があらゆる点で十分な態様で保障されていたわけではなく、そして抗告訴訟の許容性も大抵の場合は列記主義に基づき、法律により特に定められた事項に限定されていたからである。さらに、このような規定はいかなる点でも満足のいく解決ではなかった。なぜなら、それまでの組織の欠点は除去されなかったからである。1929 年に行政裁判所法・訴願法改正委員会が設置され、1932 年には改正法案も作成された。1945 年の敗戦により行政裁判所の活動は幕を閉じた。

そして、1947年以降、訴訟手続に関して、そして特に行政権利救済の途の許容性（一般概括主義）に関して、行政裁判権は「日本国憲法の施行に伴う民事訴訟法の応急的措置に関する法律」(1947年法律75号) によって、全く新しい基盤の上につくられた。これによって、独立裁判所による行政に対する法的包括的統制が保障された。行政裁判権のある裁判所は行政による自己統制から、真正の裁判権のある担い手（司法裁判所）へと発展した。しかし、行政事件許訟特例法 (1948年)（行政事件訴訟特例法の制定過程について、参照、高柳信一「行政訴訟法制の改革」東京大学社会科学研究所編『戦後改革4 司法改革』291頁）および行政事件訴訟法（1962年）の制定によってこの発展は逆転し、限定的概括主義が採用された（参照　雄川一郎「行政事件訴訟立法の回顧と反省」雄川『行政争訟の理論』197頁）。

2　国の立法権

行政裁判権の規定は多数説に従えば憲法第76条第2項に基づき日本国の司法管轄権を定めている：「特別裁判所は、これを設置することができない。行政機関は、終審として裁判を行ふことができない。」

確かに、「特別裁判所」「行政機関」という用語は、行政裁判所を始審として行政府内に設置しうるという見解を主張することはできる。しかし、このような解釈は決して説得力あるわけではなく、より詳細に検討すれば恐らく実行不能でさえある。裁判所の構成と裁判手続については、それに対して何らかの制約を加える追加条項は憲法第76条に存在していない。しかし、最高裁判所のもとに属する行政裁判所は真正の裁判所であり、それゆえに行政裁判所の構成は裁判所構成そのものであり、そ

の手続は裁判手続におけるものである。行政裁判所が地方行政裁判所、高等行政裁判所からなるとしても、これらを直ちに全国に設置することは、実現不可能に近いであろう。このため、当分の間、通常の地方裁判所および高等裁判所はそれぞれの裁判所内部に、行政裁判権のある部を附設することは、実際上も憲法上も可能であろう。

国が個別具体のケースに管轄権を与えられている範囲内に行政実体法が含まれている場合を除いて、行政実体法は、地方公共団体の立法管轄に属しており、それゆえに行政実体法は憲法第76条に挙げられていない。このような事情は、先の見解をいささかも変更するわけではない。

それゆえ、憲法第76条第2項の文言は、行政裁判所の構成および手続の規律に関して国の立法管轄に反対していない。より正確に考察すると、むしろ憲法第76条第2項はこのような見解を採らざるを得ないのである。立法者が裁判所構成および裁判手続を民法および刑法にのみ関係づけるつもりであったとするならば、立法者はそのことをそのような制約を加える追加条項により表明しなければなかっただろう。

このような見解のみがまた、国が憲法第76条第1項により、行政裁判権の分野で高等行政裁判所を設立することを義務づけられているという事実に適っている。なぜなら、地方行政裁判所の手続および特に審級が統一される場合にかぎって、上訴審としての高等行政裁判所および最高裁判所の手続は統一的かつ効果的に規律され得るからである。

同様に、憲法第76条第1項、第2項に基づく、統一された行政事件訴訟法の公布の必要性は肯定されねばならない。

既述のように、日本国は憲法第76条第1項により、行政裁判権に関して最高裁判所のもとにある下級裁判所の設置を義務

づけられている。その概念上、かかる裁判所は第1に上訴裁判所である。しかしながら、下級裁判所での手続および特に審級が整備・首尾一貫されていないならば、上訴裁判所における手続は決して十分に規律されえない。

　さらに、権利保護を求める人々にとって手続法の不統一は、法治国家において自明のことである包括的権利保護の侵害を意味する。日本国のような共同体において、個々人の法的利益が、1つの都道府県に限定されるわけではなく、日本国の全領域へ根を張っているという事実は自然なことである。だとすると、相異なる都道府県においてその都度相異なる訴訟条例手続に従って、関係が争われ、または防御されねばならないとすれば、そのことは素人にとっても弁護士にとっても著しい困難を意味する。裁判所の不統一な名称だけでも、誤解の生じる可能性から、権利救済について誤導し、権利救済上の不利益をもたらすことがある。出訴期間および上訴一般の不統一な規定、並びに仮処分の扱い、裁判費用法および執行法に関する広範な相違も又同様に、さらに危険をもたらすものである。したがって、地方公共団体は、行政裁判権について立法権を有しない。

　主に都道府県が行政実体法に関して管轄権を有しているという事実もまた、行政裁判権に関する統一的な規律に反対する理由となりえない。2001年行政事件訴訟法はこの管轄権に、何ら変更を加えるものではない。しかし、都道府県が行政実体法に関する管轄権を有しており、そのため、都道府県民がその権利自体を守ろうと主張する場合に、法律規定について膨大な知識を持つことが都道府県民に期待せねばならない。それゆえ、少なくとも、訴訟手続が統一されていることは、差し迫って必要な事柄である。精巧に作られた権利保護制度も、手続規定の分かりにくさゆえに平均的な市民が自らの権利を守ることので

きないように構築されている場合は、それは全く無益なものになってしまうからである。

今日における行政裁判権の場合においても、民事法上の訴訟手続と同様に、統一的な行政事件訴訟法が必要であることは同じなのである。公権力は次第に市民の領域に侵入してきている。しかし、他方、このことのために、全ての公権力の濫用に対する堤防として、包括的なかつ実効的な行政裁判権が必要となるのである。

1948年において既に行政事件訴訟特例法が統一的行政裁判権に係る訴訟法を制定した事実およびその後1962年行政事件訴訟法も統一的行政裁判権に係る訴訟法として施行されたものであったという事実も、また、統一的行政事件訴訟法が不可避的に必要であることに、賛成するものである。

この必要性を認識した上で、どの文献においても、1つの行政事件訴訟法にほぼ一致して賛成している。

統一的行政事件訴訟法を求める世論の声が一層強くなるにつれ、その世論に従い、2001年に行政事件訴訟法の草案が作成されるに至ったのである。

3　草案の構造と方法論

草案は6編からなる。

第1編　総　則
第2編　裁判所の構成
第3編　手　続
第4編　上訴及び再審
第5編　費用及び執行

第2部 提案理由

第6編 経過規定

　草案は行政裁判手続のみでなく、行政裁判権の分野における裁判所構成をも規律している。裁判所法には法の欠缺が散見されるので、この草案が後法としてその欠缺条項を補塡している。法律の経済性という理由から、行政事件訴訟の特殊事項のみが取り上げられた。裁判所法と民事訴訟法の規定がそのまま行政事件訴訟において借用され得るところでは、繰返しを避けるべく、個々の規定の参照によって、そして補充的に第171条における一般的な参照によって、裁判所法と民事訴訟法の関係規定の準用が行なわれることになった。

　このようにして、行政裁判手続の各々の手続に必要である規定は、古くから折り紙付きの普通のやり方で、行政訴訟のために、利用される。最後に、この方法は、欠缺があるときに自由に手続を法形成しうる裁判所への授権と結びつき、行政訴訟の継続的発展についての余地を残している。その結果、行政裁判権にとって最善のものそして最も合目的的なものが、経験的に徐々に実務から獲得され得るのである。

　民事訴訟法または裁判所法の規定が内容上行政事件訴訟法の条文に準用され、または各規定が明文をもって適用可能であると宣言されることは、個々の規定の脈絡のために度々避けられない。このことから、その適用にあってのあらゆる疑義を排除するため、個々の規定間相互の適用関係を明らかにするための別段の規定が規定された。民事訴訟法または裁判所法のあれこれの規定が草案において明文をもって受け入れられているという事実のみをもって、参照条文と関係するその他の条文が適用されないと宣告されているはずだという反対解釈は推論されえない。むしろ、その限りにおいて理論も実務も個々のケースに

おいて、行政事件訴訟法で準用されなかった規定が行政訴訟の本質に合致するのか否か、したがって、適用可能か否かについて、検討されなければならない。

　現行行政事件訴訟法が全く明文の規定をおいていない場合か、または必要な規定が民事訴訟法または裁判所法の準用によっても見いだしえない場合にはじめて、裁判所が手続の自由な法形成を行ない得るかについて、草案に関する起案に当たってさまざまな意見が検討された。草案は、法的安定性をよりよく保障されそうであるという理由から、第2の解決方法を選んだ。

第1編　総　則

第1条〔この法律の趣旨〕

　司法部（または検察）が、国民からの訴えを契機とすることもなく、常に行政部の活動（行政活動）をそのすべての範囲にわたって監視し統制するシステムは、「司法の行政に対するコントロール」の観念のもとで、構築され得る。ここでは、行政活動の法律適合性および客観的法秩序の維持が主題である。この検察による法秩序維持型行政訴訟は、採用すべきでない。むしろ、国民は、客観的法秩序維持および行政活動の法律適合性の審査のために、ルーテインにではなく極めて自己の関心事から、裁判所に国等または行政庁を告発するにとどまる。その限りにおいて、この国民による法秩序維持型の行政訴訟システムは、検察が刑事法秩序の維持のためルーテインに刑事事件につき容疑者を告訴するシステムと本質的に異なる。

　このタイプの行政訴訟システムが、司法による行政に対するコントロールの不徹底さを容認する理由は、しかし、決して正当化されるわけではないであろう。法秩序維持型の行政訴訟システムは、法秩序の維持の目的にとっても不徹底であるばかりでなく、国民の権利自由の保護にも大きな比重を置いて構築されようとしていない。

　人々は法秩序の客観的維持または行政活動の法律適合性そのものを目標として生活しているわけではない。人々は、むしろ、個人の人格を発展させ、個々人の幸福を求めて生活しており、その目的を実現するために、憲法上保障された基本権および権利並びに私法や行政法上保護された権利等が整備され、また各種の制度が基盤整備されている。個々人の権利自由が行政活動

第2部 提案理由

によって侵害されまたは脅かされている場合に、その旨を主張する者が、自己の権利自由の保護を目的として、その行政活動に対する司法統制を裁判所に訴求する。これは、権利保護型行政訴訟システムである。日本国憲法が、法的正義のもとで、個人の尊厳、人格の自由な発展、幸福追求、生存を保護しようとしているのであるから、これに応じて、行政訴訟システムは、日本国憲法の施行以来、法秩序維持型から権利保護型へと転換されなけらばならなかったし、また転換されなければならない。

この法律草案は、国または公法上の団体（以下単に「国等」という。）の行政活動に関し、権利の侵害を主張する国民に対して広く国等に対する訴えのみちを開くことによって、国民の権利自由を保護することを目的とする。

ここでいう行政活動は、国民の権利自由を侵害すると主張される限り、行政処分に限らず、行政内部行為、法規命令、法律の委任に基づく条例、行政命令、行政計画、さらに行政指導など略式の行政活動もまた含む。これにより、司法による統制をうける行政活動の対象範囲が、権利自由の保護を目的として、拡大されることとなる。

さらに、この法律草案にいう権利は、行政活動により毀損されると主張される限りにおいて、憲法上の基本権・権利のみならず、行政実体法、行政手続法および行政事件訴訟法上の権利並びに私法上の権利をも含む。とりわけ、行政活動の直接の名宛人のみならず、その第3者にも権利が、例えば建築法との関連で、肯定されることがある。また、行政による法律の適正な執行を求める権利（適正行政執行請求権）が各種の規範統制訴訟との関連において、国民に賦与される。その意味において、行政法上の権利の伸張が、この法律草案における重要な課題であろう。

第1編　総　則

第2条〔解釈規定〕

　この法律のいかなる規定も、日本国憲法の精神に則り、各行政分野の基本法の趣旨を斟酌して、解釈しなければならない。適用法律の関係条項を孤立的に解釈する方法は、慎まなければならない。歴史的解釈、文理解釈におとらず、体系的目的解釈が、重要である。

　職業裁判官はいうまでもなく、市民裁判員もまた、法令を解釈し、事実を認定するに当たり、その良心に従い、独立してその職務を遂行し、憲法および法律にのみ拘束される（憲法第76条第3項）。とりわけ、市民裁判員は、合議制において、評議および評決に当たって、職業裁判官の指示もしくは訓示が仮にあるとしても、それに拘束されてはならず、また、行政通達に拘束されることもない。

第2編　裁判所の構成

第1章　裁　判　所

第3条〔独　立〕

　この条文は、行政裁判権に関して、憲法第76条以下に規定する真正の裁判権が問題であることを確認している。これと同時に、本条は、権力分立の原則（憲法第41条、第65条および第76条）に則して、行政庁による行政裁判または行政内部に組織された行政委員会による行政裁判を排斥している。このことから、行政裁判権を他の権力から組織的に分離すること、および、間接的に、司法行政以外の行政の課題を裁判所に委嘱することの禁止が、明らかになる。行政裁判権のある専門部を他の裁判権のある専門部から組織的に分離することは、第3条ではなく、第4条に規定されている。

　行政裁判権のもとで、普通行政裁判権のある裁判所の権限が理解されている。この権限の範囲は第40条で規定されている。

　裁判所による実効的な権利保護の保障および権力分立の原則に反する規定を立法者は定めることはできない。

　「行政裁判権」はここでは最広義に理解されなければならない。行政裁判権は単に一般行政に関する裁判権のみならず、特別行政に関する裁判権をもその対象とする。特別行政について特別な権利救済の途が開かれていない限り、または、特に裁判を任された機関の独立性が保障されておらず、それ故、その機関が裁判所として見なされない場合、普通行政裁判権のある裁判所への権利救済の途が開かれている。こうして、行政のあらゆる分野について、現実にも真正の裁判所の裁判を求め得るこ

とが保障されるべきなのである。これが、憲法第76条および第32条から導きださねばならない必然的な帰結である。第32条は公権力によるあらゆる権利侵害に対し権利救済の途を開いている。憲法第76条、第79条および第80条は裁判権を排他的に裁判官の手にゆだねている。そして、第76条第3項は、裁判官が独立しており、良心、法律および憲法のみに服すると規定している。公法上の争訟が問題になっている限り、このようにして、民事裁判所の補充的管轄権は排除され、そしてあらゆる公法上の争訟（憲法事件の除く。）は行政裁判権のある裁判所において聴聞を受けるとする一般原則はかなえられる。

　裁判官の独立の要請は憲法第76条第3項、第78条に規定されている。裁判官の独立の要請は人的な関係でも物的な関係においても必要である。

　行政裁判権がもはや行政の自己統制ではなく、権力分立の意味において真正の裁判権であること、したがって行政裁判権が執行部との結びつきを禁じられていることを、行政裁判権の行政庁からの独立は、きっぱりと明確にしている。そして、他方、この要請、すなわち行政庁からの独立要請は裁判官の独立の要請と非常に密接に関連している。行政から完全に分離している場合にかぎって、行政裁判権は、まさにこの行政を統制するという行政裁判権の極めて重要な任務を果たすことができるのである。

第4条〔行政裁判権のある裁判所と審級〕

　この条文は、他の裁判権のある部から分離した、行政裁判権の3審級の構成を定めており、かつ、専門部の設置を国に義務づけている。これは憲法第76条第1項および第2項第2文の規定に適合する。専門部は、当分の間、高等裁判所および地方

裁判所に附設する。しかし、この条文は、将来、高等行政裁判所または地方行政裁判所の設置を妨げるものと解してはならない（参照、第172条）。

　地方裁判所の専門部および高等裁判所のそれは原則として1審および2審の事実審であり、最高裁判所は上告審である。この基本的な3審制は、一方で、控訴の制限（控訴受理の導入）によって、他方で、多種多様な特別法による規定によって広範囲にわたって切り崩されている。

　すべての都道府県は少なくとも1つの地方裁判所を設置しなければならない。

　司法救済のために、日本国内における審級制度を統一的に整備することが必要である。2つの事実審と1つの上告審による3段階の構造が適切であるとされ、そのため、3段階の構造が原則として行政裁判権についても承継されるものとする。

　行政事件訴訟法は、統一のために無条件に必要な規定だけにとどめられている。

　裁判所所在地の他に地方裁判所、高等裁判所の巡回部を設置する可能性は、司法救済のために望ましいと思われる。このようにして、行政裁判権においては、権利保護を本質的に強化する居住区に近い裁判は達成され得る。しかも、それによって裁判機関全体のコストが受忍されなければならないことにはならない。

第5条〔専門部の設置と廃止〕

　この条文は、行政裁判権の組織を形式的意味での法律によって設置することを定める。高等裁判所または地方裁判所がそれぞれその行政裁判権のために法廷所在地外に巡回の法廷を開催してもよい（第5号）。

第 2 部 提案理由

第 6 条〔地方裁判所に属する部の構成〕

この条文は、行政裁判権のある専門部（第 4 条）の人員構成を規定するとともに、その専門部がひとつの裁判所に複数ある場合における裁判長等の構成についても規定する。地方裁判所および高等裁判所に属する各専門部は、3 人の職業裁判官（第 1 条ないし第 12 条）——行政事件訴訟法では「裁判官」という——と 2 人の市民裁判員（第 13 条以下）で構成して裁判をする。この法律は裁判官と市民裁判員を区別している。地方裁判所の専門部は、職務上の監督（第 38 条）をする部長を有する。市民裁判員は、単独裁判官として活動できない。

行政裁判権のある専門部の構成について、草案は従来の 1998 年ドイツ行政裁判所法の規定に倣った。第一審における市民裁判員の関与は実務において適切であると実証されており、そしてその合目的性はここでも一般的に承認されている。裁判官の全体数、および職業裁判官と市民裁判員の割合に関して意見が相違している。2 人の職業裁判官と 3 人の市民裁判員からなる人員構成は、以下のような事実を正当に評価していない。つまり行政事件の裁判においてしばしば難しい法律問題が問題となっているという事実および 2 人だけの職業裁判官からなる構成の場合には法律問題の裁判における過半数は裁判長の意見に依存しているという事実を正当に評価していない。最後に、市民裁判員の関与を得られずに下される裁判の場合、多数派を形成することは不可能になるだろう。職業裁判官 2 人および市民裁判員 1 人による構成もまた合目的的ではない。その際、1 人の市民裁判員は職業裁判官（複数）に対し常に敗北感を感じ、その結果、市民裁判員がまさに特別に強い性格の持ち主でない場合、その者の関与は形式的なものになり下がるといった心理的要因もまた、ここではさらに考慮しなければならない。ここ

で規定されている人員構成は、素人の要素を十分に活かしている。他方、このような構成は純粋の法律問題に関して、そして口頭弁論を経ない決定、および市民裁判員の関与をえられずに下される略式判決（第85条）に際して真の合議裁判を保障している。

口頭弁論外においておよび略式判決に際して市民裁判員が関与することは、客観的に必要ではない。市民裁判員が関与すれば、単に訴訟を長引かせる結果になるだけで、手続に不必要にコストをかけるものとなる。

第7条〔単独裁判官〕

この条文は、専門部に、そのメンバーの1人に単独裁判官として法的紛争の解決を委託する権限を一般的に与えている。ただし、その法的紛争が「事実の点でも法律の点でも単純で」あり、かつ、「重要な意義もない」場合に、限る。

高等裁判所においてではなく、地方裁判所の専門部における第1審手続には、一部、単独裁判官システムが妥当している。

第7条による単独裁判官は、専門部または裁判長の委託による第81条または第93条第2項による受託裁判官の場合と異なり、独立して専門部および裁判長に代わるものである。ただし、その前提要件は、その専門部が一般的に管轄権を有することである。

第7条は、裁判所の負担軽減および手続の迅速化をその目的とする。

第8条〔高等裁判所に属する部の構成〕

この条文は、高等裁判所に属する専門部の人員構成に関して、第6条に対応する規定である。

市民裁判員の関与は、高等裁判所においても、必要ではある。なぜならば、高等裁判所の裁判は、純粋な法律問題とならんで事実問題をもその対象としているからである。3人の人員で構成されている地方裁判所に比べて、高等裁判所の権威を維持するために、そして市民の司法参加を実現するために、裁判官3人と市民裁判官2人による構成は高等裁判所が裁判官3人により従来構成されていることよりも好ましいとしなければならない。さらに、広範囲にわたり法典化されていない行政法の分野において、法の発見と事実の確認が——多くの事件については、高等裁判所がこれから先も終審であり続けるだろう。——難しいことを考慮すれば、このような構成は必要である。

第9条〔司法共助および行政共助〕

この条文は、相互に司法共助および行政共助をなすべき裁判所と行政庁の一般的義務を定めている。司法共助とは、訴訟裁判所（A）の委託により、行政裁判権またはその他の裁判部門の別な裁判所（B）に係属する裁判手続において、その別な裁判所（B）による裁判官の職務行為の着手をいう（いわゆる裁判所共助）。受命裁判所（B）の管轄区域に居住する証人の尋問（第95条）がその例である。行政共助とは、訴訟裁判所（A）の職務行為を支援するため行政庁によるその他の行為の着手をいう。例えば、情報の提供、法廷外での弁論のための部屋の提供。

司法共助および行政共助は、受命裁判所または行政庁の相応の権限を前提としている。第9条自体は、受命機関に対する授権を定めていない。受命機関は、むしろ、原則として、その機関の通常の権限の枠内においてのみ、活動することができる。行政庁の行政共助の特別なケースは、第96条および第167条

以下において規定されている。行政裁判所は証拠収集の枠内において行政庁から情報をも入手することができる（第96条）。これに対し、証人の尋問など証拠収集を行政庁に請い求めることはできない。

第2章　裁 判 官

第10条〔本務裁判官・終身任命〕から**第12条**〔判事補・受託裁判官の関与〕までに関して

　原則として裁判官は専業で終身で任命されなければならない。まずこのことによって、裁判官の独立を保障する憲法第76条第3項が第10条から第12条までに適用可能となる。

　しかし、同時に、行政裁判権に関して兼務裁判官または判事補を投入する可能性もまた規定しておかねばならない。なぜならば、特に現在、行政裁判官についての需要が、適当な人材が不足しているがゆえに満たされ得ていないからである。さらに、兼務裁判官を任命する可能性によってのみ、特別な専門家を行政裁判権に役立てることが可能となる場合が少なくない。従って、特に民事法に関して優れた知識を持つ裁判官、一般行政法から若干離れている他分野の知識を持つ裁判官が行政裁判所に参加することは、それぞれの法素材が密接に関連し合っていることを考慮すれば、非常に適切であることが頻繁にある。兼務裁判官制度は、裁判官の独立の原則をなし崩しにすることを決して意味してはいない。なぜならば、草案によれば、他の裁判所の終身任命された裁判官あるいは公法学の教授のみを任命することが許されているからである。裁判官については、その独立は憲法第76条第3項に従い、既にそれ自体保障されている。そして、その法的見解により嫌われるかもしれない兼務裁判官

と公法学教授を恣意的に罷免できないという限りにおいて、兼務裁判官の独立をも保障するために、兼務裁判官と公法学教授は、最初から一定の期間少なくとも2年間は任命しなければならないことを規定したのである。

判事補を利用することは、確かに、まさに行政事件の場合、判事補が実際上独立性を欠くがゆえに望ましくない。それにもかかわらず、判事補の利用は、以下の理由から不可避なことである。第1に、裁判所においては、その性質上一時的なものでしかない特別な処理案件が時折舞い込むことがありうることである。行政裁判が大きな成果を上げ、広く公衆から信頼を勝ち取ることを望むならば、行政裁判権のある裁判所に係属している訴訟手続がごく短期間で遂行されることは必然的な要請である。しかし、他方、一時的に生じる異例な処理案件がゆえの追加的に必要な人員のために、それに応じた人事計画を創設すること、および、そのため、裁判官を罷免したり転任させることができないゆえに長期にわたり予算に負担をかけることは、国の財政難に際し、適切ではない。このような場合、判事補制度は適切な回避手段となる。

その上、判事補制度はまた、後継者を選任する上で適切な方法である。公法において法の発見が困難であることから、行政裁判官を慎重に選抜することは、特に必要である。行政裁判権のある部に任命される見込みの法律家を最初に判事補として使用することにより、法律家の適性は極めて確実に審査することができ、その結果、人事計画における誤った任命は十分に排除されることになる。

判事補は憲法第78条第1文の特権を有していないから、判事補の任命について裁判官独立の原則が無に帰されないために配慮がなされなければならない。その際、特別の補償手当てが

当初より全ての雇用期間分確定されていなければならない。それに加えて、判事補は兼務裁判官と同様に法廷の長になることはできず、そして最後に、1つの法廷に複数の判事補または兼務裁判官が所属することはできないことが、規定されている。

その主要な目的は、行政裁判権のある部を専門的に特化して設置することでなければならない。

第10条〔本務裁判官・任命〕

この規定は、行政裁判権の裁判官が原則として終身任用の裁判官として任命され、そしてその他の裁判官は第11条および第12条に従ってのみ任用されうることを定める。さらに、裁判所の独立性を保障するため、裁判所は原則として本務の「憲法と裁判所法の規定により」任命された裁判官で構成されなければならない（ただし、裁判所法第50条）。ただし、この法律が別段の定めを置いている場合は、この限りでない。第11条により地方裁判所および高等裁判所における兼務裁判官、第12条により地方裁判所における判事補および受託裁判官がその例である。

この規定は、第6条第1項に規定する裁判官にのみ適用され、市民裁判員には適用されない。

多くの、憲法第76条第3項に該当する裁判官ができるだけ裁判所に協力するとき、裁判所の独立性は最も完全に保障されてる。

第10条違反は、法律に従って判決裁判所を構成していないことを理由に、第139条第1号による上告および第153条第2項による再審の訴えを根拠づける。

第11条〔兼務裁判官〕

兼務裁判官とは、行政裁判権のある専門部に本務裁判官とし

て任命されていない裁判官をいう。兼務裁判官の投入によって、本務裁判官の一時的な不足が計算に入れられていると同時に、特別な法分野の専門家（適格行政法教授）の投入が考慮に入れられている。

第12条〔判事補・受託裁判官〕

高等裁判所および最高裁判所でなく、地方裁判所の専門部に限って、判事補および受託裁判官を用いることができる。判事補および受託裁判官の投入については、第11条に関する解説を準用する。

第7条第1項第2文によれば、判事補は、任命後5年以内には単独裁判官になることはできない。

第3章　市民裁判員

第13条〔法的地位〕から**第26条**〔過料〕に関して

市民裁判員は、裁判官の権利義務すべてを有する。市民裁判員の法的地位、選任方法、資格等に関する規定は、本質的に、名誉裁判官に関するドイツ裁判所法第28条以下を模倣している。草案によれば、立法機関の構成員、官吏、行政庁職員、他の裁判所の裁判官、弁護士、および他人の法律問題を処理相談することを許可されているその他の者は、市民裁判員になることはできない。このことは、利益相反および義務の抵触を回避するため、および素人による参加に関して正しく理解された意味からもまた、必要である。これに対し、自治体における代表機関の構成員をも排除することは、できないように思われる。なぜならば、このことにより、その人柄の点で素人裁判官に特に適する者のうち、あまりに多くのものが排除されることにな

るであろうからである。

第13条〔法的地位〕

この条文は、第6条第3項、第8条第3項と一緒になって、行政専門部の裁判への市民裁判員の関与を規定している。

市民裁判員についても、職業裁判官と同様に、憲法第76条第3項および第78条の独立保障が適用される（参照、第2条）。それ故、市民裁判員は、特定の就任期間を有していなければならず、そしてそれ以前の解任および配転から保護されなければならない。市民裁判員は原則として、その職務の遂行上、職業裁判官（第6条第1項）と同一の権利を有する。とくに、票決権および発問権の行使（第99条第2項）等に関してそうである。また、職業裁判官と同様に、市民裁判員は、その裁判官としての活動に従事するとき独立して、かつ、その良心および憲法と法律にのみ服する（憲法第76条第3項、この法律の第2条）。

しかし、市民裁判員は裁判長を主宰することはできず、また受託裁判官または受命裁判官としても活動できず、そして口頭弁論を経ない決定および略式判決にも関与できない（第6条第3項第2文）。また、市民裁判員は判決文の作成にも関与しないし、これに署名もしない（第115条第1項第3文）。

市民裁判員の義務は、所定の日時に法廷に在廷する義務（第26条第1項）を除いて、この法律に詳細に規定していない。しかし、市民裁判員には、原則として、職業裁判官の場合と同じ義務、とくに評議守秘義務、裁判官職にふさわしい行動（職務外を含む。）の義務、不偏不党の義務が妥当する。

第14条〔要件〕

第14条から第16条までの規定は、市民裁判員としての招聘

の人的要件を定めている。

必要要件（第14条第1文）の欠如またはその後発的欠落は、それにもかかわらず、自動的に次の効果を生じるわけではない。すなわち、当該市民裁判員を職務に招聘したことが無効になること、その結果、裁判所が第139条第1号、第153条および民事訴訟法第338条第1項第1号の意味における法律に従って判決裁判所を構成していなかったこと、とはならない。この効果は、当該市民裁判員が高等裁判所の決定で第18条によりその職務を解任されたのち、裁判所がおこなうそれ以降の行為について、生じる。

任意規定（第14条第2文）の違反は、訴訟法上効果を生じないし、そして、第18条による解任の理由にもならない。

第15条〔欠格事由〕

第15条第1号ないし第3号の欠格事由は、裁判所法第46条（任命の欠格事由）に掲げられた事由に類似する。欠格事由は、不適格な者を裁判員職から遠ざけることをその目的とする。列挙事由は限定されている。

第16条〔障害事由〕

この条文は、市民裁判員の招聘に差し支えとなる障害事由を規定している。第16条の各障害事由（第2号を除く。）は、権力分立の原則を考慮に入れており、そしてとりわけ裁判所の独立性の確保に資している。同時に、障害事由は、利害関係人について、利益の相反および義務の相剋を回避し、そして市民裁判員が行政機関の利益を代弁するといった疑念から専門部を保護することをその目的とする。

列挙事由は限定されている。市民裁判員職にその者が招聘さ

れた時に、人的グループのひとつに属する者だけが、障害事由に該当する。したがって、元裁判官または退職後の公務員および軍人は、障害事由に該当しない。

第17条〔拒否事由〕

　第17条により市民裁判員への招聘の拒否を正当化する理由は、その者の特別な個人的事情の斟酌に資する。その他の理由から、市民裁判員の職が市民として拒否することはできない。行政裁判権以外裁判権のある裁判所で市民裁判員として活動した者に、第1項第2文を類推適用することもまたできない。しかし、苛酷な事情がある場合には、場合によっては、第17条第2項による免除または第18条第2項による解任が考えられる。

　第2項に規定する特別な苛酷な事情が存するか否かを判断するに当たって、厳格な基準が適用されなければならない。特別な疾患、過大な職業上の負担、目を離せない子供がその例である。

第18条〔解　任〕

　この条文は、第14条から第16条までの規定による除斥事由、障害事由および拒否事由に関する規定を、その他のケースにつき補完している。この条文は、法的安定性のため、利害関係者の権利の保障のため、しかしまた法律で定める裁判官（憲法第79条第1項）を求める当事者（第55条）の権利の保障のためにも、市民裁判員の解任はあらゆる場合に高等裁判所に属する専門部の決定によってのみおこなうことができる。これによって、市民裁判員の独立性もまた同時に確保される。

第2部 提案理由

第19条〔選任〕

第19条ないし第23条までの規定において、市民裁判員は選任委員会（第20条）による選任によってその職に招聘される（第23条）。就任期間は4年である。その期間は選任と同時に始まり、そして、この期間の経過まで改選がおこなわれなかったとき、改選の時にはじめて終了する（第23条第2項）。

第20条〔選任委員会〕

この条文は、市民裁判員の選任のための選任委員会の活動と構成を規定している。選任委員会は、選任合議体として、候補者名簿（第22条）から市民裁判員の選択をおこなう。この候補者名簿は市町村が作成する。選任委員会には、その他の任務は課されない。

第21条〔市民裁判員の員数〕

この条文は、選任されるべき市民裁判員の員数の規定について、一般的ガイドラインのみを定めている。

第22条〔候補者名簿〕

この条文は、候補者名簿の作成を規定している。

第23条〔選任手続〕

選任委員会による選任は、市民裁判員としての法的地位を直接に根拠づける。正規の市民裁判員と、予備名簿のためにのみ予定されている市民裁判員とのあいだで選ぶときの相違は、許されない。なぜなら、予備名簿の作成は、幹部会の仕事だからである（第24条第2項）。

候補者を選びだすに当たって、選任委員会は羈束裁量により

決定する。他事考慮、とくに政治的または経済的な類の考慮もまた、許されず、そしてそのような選択は瑕疵を帯びることとなる。

第24条〔招集順序と予備名簿〕

市民裁判員を法廷に招集する順序の確定は、裁判所の自治行政の枠内でおこなわれる。

各部への配慮は、関係者の特別な専門知識を考慮して、おこなうことができる。法廷への招集はあらかじめ幹部会の決定で定められそして運営することが、必要である。その場合において、特定ケースを考えに入れて、個々の裁判員の招集をできるようにする人為的操作は、排除されている。また、特定の市民裁判員の口頭弁論のルーティンな参加を計算に入れて、特定のケースを待ち受けることも、許されない。

第25条〔補償手当〕

市民裁判員および第20条による選任委員会の委託委員は、特別職として俸給を受領しないが、しかし、「市民裁判員の補償手当に関する法律」に基づいて、時間消費、交通費等に対する補償手当てを受領する。

第26条〔過料〕

この条文は、市民裁判員に対し、一定の要件のもとで広義での秩序罰として過料を課す権限などを専門部の裁判官に与えている。

第27条〔高等裁判所での市民裁判員〕

この条文は、第13条から第26条までの規定を、高等裁判所

での市民裁判員に準用する。市民裁判員が高等裁判所に属する専門部での裁判にも関与することは、市民型司法参加にとって重要である。

第4章　行政事件の分配および管轄

第28条の前注に関して

1. 総説

　普通行政裁判権のある専門部は、その権利救済の途（分配事件）に関する管轄（第28条）の枠内においてのみ権利保護を保障する。この専門部は、裁判所が訴え（第75条）または申立て（例えば、第38条、第39条、第72条第5項、第121条による申立て、またはその他の規定による申立て）によって提起をうけるときに限って、権利保護を保障する。訴えは、独立の決定手続の場合には申立ては、行政裁判権のある専門部が一般的に活動する（活動しうる）ための前提要件である。訴えは、同時に、裁判所に要求した権利保護の目標、種類および範囲を規定し、そしてこれにより訴訟物を特定する。裁判所はこの訴訟物について判決（第104条）または決定（第120条、例えば第72条第5項による決定）で裁判しなければならない。

　訴えないし申立ての成果（勝訴）のための前提要件は、

　一に、訴え（ないし申立て）が適法であること、すなわち、裁判所の本案裁判に必要な訴訟要件が裁判の時点で具備していること、

　二に、訴え（ないし申立て）が理由づけられていること、すなわち口頭弁論ないし書面手続（第98条第2項）に基づき裁判所によって確定された事実関係（第105条）が、現行法により当該主張にかかる請求を肯定することとなる前提要件を具備す

ることである。

2．訴えないし申立ての類型と判決
2．1．総説
　第28条は行政権利救済の途を一般的にすべての行政法上の争訟について開いているにもかかわらず、行政裁判権のある専門部は、特定の訴えの類型ないし申立ての類型の枠内において権利保護を保障している。これらの類型がまたそれぞれ特定の判決の形式または決定の類型を割り当てている。特定の手続類型の適格性は、たしかに、行政裁判上の概括条項（第28条）に基づいて、そして憲法第32条の権利保護保障を考慮して原則としてももはやなんら適法要件でないが、しかし各個の訴訟要件に影響を与える。行政事件訴訟法自体は、行政専門部において許される訴えまたは申立てを規定しているが、そのための詳細で重要な必要要件を完璧にもれなく規定しているわけではない。

　明文の規定がなくかつ行政裁判上の権利保護の特殊性が障害とならない限り、経過規定（第171条）により裁判所法および民事訴訟法並びに補充的に訴訟法の一般原則が適用される。

　訴えの類型にとって最も重要なのは、最終口頭弁論においてなされている訴えの申立て（ないしはこの時点において第84条により特定される訴えの請求）である。その限りにおいて、たとえ訴えの請求が討議の後はじめて変更されたときでも、その前におこなわれていたことは、取るに足りない。

　行政裁判権のある専門部における訴えないし申立てとして、とくに次に掲げる類型が考えられる。
一　取消の訴え（第32条、第111条第1項）
二　義務づけの訴え（第32条、第111条第5項）

三　一般的給付の訴えないし不作為の訴え（第33条第2項、第109条、第111条第3項および第167条第2項において言及されない前提とされている。）

四　確認の訴え（第33条）

五　内部行為統制の訴え（内部行為統制の申立。第38条）

六　規範統制の訴え（規範統制の申立。第39条）

七　行政計画統制の訴え（行政計画統制の申立。第40条）

八　第72条第5項による仮の権利保護を求める申立て、行政行為等の執行の停止を求める申立て

九　仮処分命令を求める申立て（第121条）

十　執行手続における特別な法的救済、とくに執行予防の訴え（第165条第1項、民事執行法）、第三者異議の訴え（異議の訴え、第165条第1項、民事執行法）

　行政事件訴訟法自体において少なくとも言及されまたは第171条経由の民事訴訟法等の準用に基づき許されている訴訟類型以外の訴訟類型および法的救済並びにその他の法的救済は、法律によってのみ導入されうるのであって、これに対し条例によっては導入されえない。

2．2．行政法上の機関争訟

　公法上の法人関係から生じる機関の権利義務について、公法上の法人（市町村、国公立大学その他の公法上の法人）の機関相互間の争訟には、特別な訴えの類型はない。

　ここでの訴訟法上の特殊性は、そのような争訟の当事者が機関または機関の一部だけであるという事実から、生じるにすぎない。機関争訟の場合にも、機関および独立の権利主体は、個々の機関の権利だけを主張することができる。したがって、形式的および実質的にルールに従った決定を求める構成員の一

般的請求権は存しない。主観的権利を侵害してなされた決定が違法であることの、確認を求める請求権が、ここでいう「権利」である。

判例または学説において、ここで主張する見解に反対して、前記のような機関訴訟が特別な訴えの類型として承認される場合において、機関訴訟が取消の訴えと類似して、問題のある行為、とくに決定、命令等の取消にも向けられうるのか、または所轄機関が当該行為の取消もしくは変更または置き換えるべき義務を課すかあるいは特定の内容の行為を着手すべき義務を課すか、さらにまた羈束裁量により着手されるべき行為をなすべしと義務を課すことを求めるにとどまるのかは、争われている。

機関行為を行政行為として性質決定するかどうかの論争とは別に、本案の解決後はいずれにせよ、その行為ないしその不作為が違法であったこと、および原告の権利を侵害したことの確認を求める訴えは、第33条によりまたは第111条第1項第4文を類推適用すると、承認されなければならない。

問題の（機関）行為が行政行為と性質決定される場合、取消の訴えまたは義務づけの訴えがここでも必要な訴訟類型である。この機関行為は、第32条第2項にいう権利（組織法上の権利、および機関の機能上の利益を擁護するためその者に賦与されている権限を含む。）を侵害している場合、この機関行為は行政行為と性質決定されうる。そうではなく、行政行為と性質決定されない場合、一般的給付の訴え、またはこれが考えられないときは、第33条による一般的確認の訴えが必要な訴訟類型である。

3．特別な手続類型

民事訴訟法と対照的に、行政事件訴訟法には、特別な専門分野について大幅に一般訴訟手続規定を特別な規定に置き換える、

そうした特別な手続類型はない。しかし、行政事件訴訟法によっても、判決手続および第120条による決定手続、さらに第78条による簡易手続（略式判決）が区別される。通常の判決手続や決定手続とくらべての特殊性は、第72条および第121条による独立の決定手続、第38条による内部行為統制手続は、第39条による規範統制手続、さらに多数当事者手続にもみられる。

4．訴訟要件および訴訟行為要件
4．1．訴訟要件

　訴えまたは申立てが適法であるときに限り、すなわち行政事件訴訟法に基づきそのために定められている本案判決の前提要件（訴訟要件）が具備するときに限り、裁判所は、原告による権利保護の請求の範囲内で、判決または決定で本案裁判をすることができる。訴訟要件はつねに職権によりかついかなる手続の段階でも審査しなければならない。その確認に当たり、裁判所は当事者の主張事実にも当事者の法的見解にも拘束されない。適法性の問題に答えるのが難しいが、主張に係る請求の理由の有無が明白である場合にも、適法性の問題を原則として不問にしておいてはならない。適法性をあらかじめ審査する必要性はとくに、さもなければ既判力の範囲が不明のままとなることから、明らかになる。前述の原則に反する場合、本案裁判は既判力を生じず、したがって事件に関する説示は述べられていないものとみなされなければならない。

　訴訟要件は原則としていずれにせよ最終口頭弁論の時点で、具備されていなければならない。はじめ欠けていた訴訟要件が、最終口頭弁論の時までに追完ないし治癒されうる。他方、法律に別段の定めがない場合または明文をもって許されている場合、

訴えの適法要件はいずれにせよ最終口頭弁論の時点でも（なお）存在しなければならず、あるいは口頭弁論を経ない裁判にあっては、申立ての提起の（できるだけ遅い）時点において存在しなければならない。

4．2．例　外
　本案に関して判決または決定以外の態様で手続が終了するときに限り、すなわち訴えの取下げ（第88条）、和解（第108条）、全会一致による本案解決の宣言（第160条第2項）により手続が終了するとき、訴訟要件の存在は原則としてもはや審査されない。

4．3．訴訟行為要件
　訴訟行為要件とは、手続全体にかかわらない要件であるが、しかし、裁判所または当事者（第55条）の特定の行為が訴訟法上適法であるためには具備されなければならない前提要件である。手続の中止、出訴期間の徒過に対する原状回復（第52条）、第三者の訴訟参加（第57条）、訴えの取下げ（第88条）、訴えの変更、上訴の取下げ（第126条）、第80条第2項による証拠申立がその例である。

4．4．訴訟要件ないし訴訟行為要件の確認については、法律に別段の定めがある場合（例えば第52条第2項第2文による原状回復についての疎明）または問題となっている手続の性質から明らかになる場合を除いて、裁判所の調査義務（第80条第1項）および証拠評価ないし客観的立証責任（第105条）に関する一般原則が妥当する。

5．各個の訴訟要件

5．1．行政事件訴訟においては、次に掲げる訴訟要件が裁判所の裁判の時点で具備されていなければならない。その審査に当たって、次の順序が勧められる。

一　手続法に適合する訴えの提起または申立ての提起（第75条、第76条）

二　日本の裁判権

三　行政事件の分配の適法性（権利救済の途。第28条、第29条、第30条）

四　訴訟類型の適合性（取消の訴え、義務づけの訴え、給付の訴え、形成の訴えまたは確認の訴え並びに内部行為統制の申立て、規範統制の申立て、仮の権利保護を求める申立）

五　裁判所の事物管轄、土地管轄および審級管轄（第36条以下）

六　当事者能力（第53条）

七　訴訟能力、訴訟代理および補佐能力（第54条）

八　原告適格（第32条第2項）

九　（受動的）訴訟遂行権（第70条）

十　権利保護の必要性（権利保護の利益、狭義の訴えの利益）

十一　別訴で訴訟係属していないことおよび当該訴訟物について既判力の生じた裁判の欠如

十二　不服申立前置手続（第61条以下）または第68条による訴えの適法性

十三　出訴期間（第67条以下）

5．2．訴訟要件の審査の順序

この順序は争われているが、決して法律上強制されているわけではない。

第2編　裁判所の構成

6．権利保護の必要性

　権利保護の必要性（権利保護利益、狭義の訴えの利益）の概念によって、裁判所に提起された権利保護手続によって、権利保護に値する利益を請求する者のみが、裁判所の本案を求める請求権を有すること、およびこのような利益のないときに当該訴訟上の請求が不適法として却下されなければならないことが、表現されている。権利保護の必要性（狭義の訴えの利益）が行政事件訴訟法において言及されていないにもかかわらず権利保護の必要性（狭義の訴えの利益）があらゆる手続類型についての一般的訴訟要件のひとつであることでは、見解が一致している。権利保護の必要性は、訴訟法にも妥当している信義則の要請（民法第1条第2項）、訴訟上の権利の濫用の禁止（憲法第12条、民法第1条第3項）、並びに裁判所にも妥当している国家活動の実効性の原則から、導きだされる。権利保護の必要性の要件は、一般的に、あらゆる訴訟類型並びに例えば、第38条、第39条、第72条第5項第7項、第73条第3項、第121条による、独立の申立手続におけるあらゆる申立てを妥当する。

　権利保護の必要性は概念上権利保護に結びついており、したがって、主観的権利の保護に資する手続を第一次にその対象として限定している。かくして、客観的統制手続として構成されている手続では、権利保護の必要性ははたらかない。しかし、第38条ないし第40条による、主観的統制手続として構成されている手続では、権利保護の必要性は重要である。主観的統制手続の提起の適法性についても申立人の権利侵害が必要である。これを主観的統制利益と呼ぶことができる。第38条、第39条および第40条による構想全体を考慮すると、主観的統制利益は、広義の権利保護の必要性の亜種であり、この権利保護の必要性はとくに狭義の訴えの利益から画されなければならない。

111

第2部 提案理由

第28条〔事件の分配〕

　第28条以下は、第45条第1項第4号とあいまって、次のことから確実に保護している。一に、原告が裁判所による権利保護を享受することなく放置されること、二に、相異なる裁判部門（行政裁判権、通常裁判権）のある裁判所がいずれも管轄なしと思量すること（いわゆる消極的権限争議）、および三に、相異なる裁判部門の二以上の裁判所が相互に自己の管轄権を肯定し、しかも本案について、相異なる結論をもって裁判をしないこと（積極的権限争議）。

　第77条の引用規定により、第28条以下の規定が、事物管轄、土地管轄および審級管轄並びにある行政専門部から別の行政専門部への移送に関する行政専門部の裁判にも準用される。

　これに対し、第28条以下は、とくに第72条第5項および第6項、第73条第3項、第121条による独立の申立手続には適用されないし、また類推適用されない。

　第164条の訴訟上の救助手続にも、第28条以下の規定は適用されない。事件の不適法な裁判所への申立ては、不適法として却下されなければならず、移送はできない。第38条、第39条および第40条による統制手続について、すくなくとも第29条および第31条は適用できない。なぜなら、これらの手続を知っているのは行政事件訴訟法だけであるから。

第29条〔事件の分配についての裁判〕

　事件分配の適法性は、訴訟要件として職権により第一審で審査されなければならない。この適法性については決定で裁判をしなければならない。

　受訴裁判所が第29条第2項第1文により事件分配の適法性を否定し、かつ、別の裁判部門の裁判所にその法的紛争を移送

するとき、それ以上の事件の分配はもはや排斥される。裁判所は、第29条第3項において、本案とは別に、中間手続をすすめることができる。この中間手続は、裁判所が中間手続を合目的と思量するときまたは1人の当事者が事件分配の適法性を責問するとき、事件分配の適法性が本案裁判に先立ち、終局的に決定によって解明することを、その目的とする。

第30条〔行政事件の分配〕

　第30条は、行政権利救済の途、すなわち、行政裁判権のある専門部への提訴の可能性を開き、行政事件の分配を定めている。憲法上の争訟を除くすべての公法上の争訟（行政事件）について、他の裁判所の管轄権が法律で定められている場合を除いて、第30条は、行政裁判権のある専門部への行政事件の分配を定めている（行政訴訟上の概括条項）。

　行政事件の分配の適法性は、行政裁判におけるあらゆる訴えおよび独立の申立手続によるあらゆる申立てにとって、行政裁判の必要的訴訟要件のひとつである。この要件は、裁判所の職権により斟酌されなければならない。しかし、この要件が具備していないとき、訴えを原則として訴訟判決によって却下すべきでない。むしろ、提訴された権利救済の途が決定で不適法である旨を宣言し、そしてその法的紛争は適法な事件分配に基づく管轄裁判所に移送されなければならない。その限りにおいて、事件分配の不適法は、通例、訴えの不適法につながらない。裁判所は第29条第2項によりあらかじめ事件分配の適法性を確定することができる。裁判所は、当事者が行政事件の分配の適法性を責問するとき、まず、事件分配の適法性を裁判しなければならない。

　事件の分配の下で、独立かつ解任できない裁判官で構成され

第2部 提案理由

ており、かつ、手続の法的保障を整備した裁判所への分配が理解されなければならない。行政事件の分配とは権利保護のため行政裁判権のある裁判所（第4条）への分配を意味する。行政事件訴訟法は、特定の訴訟類型に限定することなく（第32条）、行政事件についてすべて（法律に別段の定めがある場合を除いて）行政事件の分配を認めている。行政事件について一般に権利保護の機会が開かれている場合、行政事件の分配が保障されている。このようにして、第30条は行政法の分野について、憲法第32条が求めておりかつ保障している権利保護を充たしている。

事件分配に関する規定は、すべての訴訟手続、したがって第72条第5項および第121条による仮の権利保護の保障、ならびに執行（第165条）にも関係している。したがって、行政裁判上の執行から生じうる、請求権についても、行政事件の分配は保障されている。裁判所は、原告の陳述に基づきまたは職権により、行政事件の分配が認められているか否かを審査する。

請求の原因が複数ある場合、それらのうち1に関してのみ行政事件の分配が認められる場合には、それで十分である。

第30条の規定は複数の意義を有している。

行政権利救済の途は公法上の争訟すべてについて開かれている。それにより、一方では憲法第32条が考慮されている。公権力の措置によってその権利を侵害された者は、行政専門部に出訴し得る。しかし、さらに、公権力の措置が存在するか否かを問わず、または、公権力一般が直接に紛争関係に関与しているか否かについては全く問わず、公法上の争訟すべてのために行政権利救済の途が開かれている。いわゆる当事者争訟についても、新しい行政事件訴訟法の中の規定に準じて、行政権利救

済の途が一般的に開かれている。しかし、第30条は行政専門部の管轄から憲法争訟を除外している。なぜなら、憲法上の争訟は、特別裁判所（憲法裁判所または憲法裁判権のある専門部）に大部分ゆだねるべきであろうからである。

かくして、行政専門部に提起できないであろう公法上の争訟で、憲法上の争訟でないものは、別の裁判所の管轄権が明文による配分によって根拠づけられている場合を除いて、もはや考えられないことである。

さらに、第30条は、行政専門部における権利救済の途を他の権利救済の途と区分することで、裁判所法第3条第2項と対をなしている。憲法上の争訟ではない公法上の争訟は原則としてすべて行政専門部に配分されている。しかし、どのような場合にある紛争事件を公法上の争訟とみなさなければならないかの問題に関しての詳細な規定を定めることは断念しなければならなかった。なぜならば、公法上の争訟についての概念はまだ十分に明確にされていないからである。この概念の明確化は依然として裁判例および法律学にゆだねられたままである。

行政専門部はあらゆる公法上の争訟に関して裁判の役割を任ぜられているとする原則に対する例外は、法的紛争が他の裁判所に既に配分されている場合あるいは配分されるであろう場合のみに認められる。この裁判所への配分は明文のものでなければならない。裁判所への配分は、法律または命令により、国の立法者により行われうる。

こうして、将来、民事裁判所がその管轄権を単に司法裁判所の伝統的な既得権からのみ求めること（いわゆる伝承による民事事件）は否定されるのである。裁判所法の公布時に通用した法的見解または問題となる事後の法律に関する見解に基づいてのみ、公法上の争訟である事件が司法裁判所により裁判されるべ

きとされた場合において、民事裁判所が公法上の争訟の裁判に関してもまた管轄権があると宣告したことは、行政裁判権がまだ十分に発展しておらず、その結果そのような争訟について裁判官による審理が全く認められなかった限りにおいて、必要なことであった。今や、行政裁判権が真正の裁判権に発展し、同等の価値を持つものとして民事裁判権と並んだ以上は、伝承による民事裁判所の管轄権を正当化する本質的根拠は認められない。それゆえ、裁判所、つまり行政専門部も司法裁判所も、自ら裁判を求められた事件が公法上の性質を有するかまたは民事法上の性質を有するか否かについて如何なる個別具体の事案についても職権探知することが必要である。審理の結果主張された請求が公法上のものと見なされなければならないと判明すれば、たとえ従来この種の法的紛争が伝承により民事事件として司法裁判所への請求とされていたとしても、行政専門部が管轄を有することになる。しかし、通説によっても当該争訟が民事法上のものと承認されなければならない場合には、たとえ当該主張された請求が公法関係と関連しているとしても、権利救済の途は依然として司法裁判所に開かれている。

第31条〔移送の効果、費用〕

　法的紛争の移送は、第31条第1項に定める効果をも生じる。この条文は、移送をうけた裁判所における訴えにとって、その訴えが最初に提訴された裁判所に出訴期間に提起されたとき、その出訴期間の遵守があったものとみなしている。

　移送の効果は、移送する裁判（移送決定）が既判力を生じ、かつ、移送決定で示された裁判所へ裁判記録が到達したときはじめて、生じる。裁判記録は、移送決定が既判力を生じたのちにはじめて、移送をうけた裁判所（移送裁判所）に対し、送付

第32条の前注

　第32条および第33条において取消の訴え、義務づけの訴え、および確認の訴えを明文で列挙することによって、確認の訴えのほかにこの種の形成の訴えのみが許され、そして行政裁判手続において給付の訴えが排除されるという逆推論を許さないため、草案は様々な訴えの類型を列挙する。

　その際、形成の訴えおよび給付の訴えの概念がそのままただちに当然の如く存在するものとして考えられることもできたであろう。

　作為、受忍または不作為を目指している請求権はすべて給付の訴えによって訴追可能となる。義務づけの訴によっても給付が、つまり行政行為の発給が要求されるから、その限りにおいて一つの制限がある。行政訴訟もまた財産請求権を実現するのに適しており、その結果、事件配分に基いて民事事件を行政専門部にゆだねることになんら法治国上の疑念が存在しないということを明確にするため、給付の訴えが明文で以って述べられている。もし、給付の訴えに実効的価値を持たせるべきだとすると、この規定はさらに効果的な強制執行によって補われなければならなくなる。これは第165条以下において行われている。

第32条〔取消しの訴え・義務づけの訴え〕

1. 総説

　この条文は、高権行政の領域における支配服従関係・権力関係における権利保護を目的と解することもできないわけではないけれども、むしろ、行政実体法および行政手続法の領域における当事者間での、法律関係（権利義務関係）における権利保

護のために、訴訟類型として、取消の訴えまたは義務づけの訴えを定めている。そして同時に第1項において、これらの訴えが行政行為に関係していなければならないという必要要件を規定している。その他に、裁判所により職権で審査されるべき訴訟要件としての当該主張された不服（権利保護の必要性、いわゆる原告適格）という必要要件を第2項で規定している。

権利救済の実効性を図るため、取消の訴えまたは義務づけの訴えは、権利を侵害された国民の権利保護に資する。

第2項による原告適格の要件によって、とくに「民衆訴訟」は排除されることとなる。参照、第173条第2項第1号

2．取消しの訴えの法的性質、対象および亜種

行政行為の除去を求めるのに用いる取消しの訴えは、最も頻繁に扱われる訴の類型である。

取消しの訴えは特殊な形成訴訟であり、裁判所判決による負担的行政行為の取消または変更をめざす形成訴訟の一種である。この取消しの訴えによって、原告はその者の権利を侵害した行政行為の（行政庁による）取消（撤回）を求める請求権を主張する。この請求権は、公法上の排除請求権の亜種である。

取消しの訴えの対象は行政行為である。この行政行為が有効であるかまたは無効であるかは、重要でない。第33条第2項第2文の文言、体系に照らし、裁判所は、無効な行政行為をも取消し、そしてこの無効を確認しない。

第33条第2項第2文により、形成の訴えは、無効確認の訴えの適法性を排除しない場合、このことは次のことを意味する。無効な（まだ存続力の生じていない）行政行為についても、裁判所による形成すなわち、ここで考えられている取消（第111条第1項第1文）は許される。無効な行政行為の取消についての

利益は、無効な行政行為によって創り出された法的外観に関して、存する。

取消しの訴えの亜種またはこれと密接な関係のあるものに、次がある。

一　一部取消の訴え。これによって原告は行政行為の全部の取消ではなく、行政行為の一部だけの取消を要求する。一部取消の訴えはとくに違法な附款の場合に考えられる。

二　分離した取消の訴え。これは授益的行政行為の拒否に対し向けられる。

三　第32条、第111条第1項第4文による継続的確認の訴え。これにより、解決済みの行政行為の違法性が確認される。この訴えは、たしかに主文の点では確認の訴えである。それにもかかわらず、継続的確認の訴えは、法ドグマ的には、取消の訴えと特殊関連しており、そして取消の訴えに適用される条文を指向している。そのため、継続的確認の訴えはしばしば「手足の切断された取消の訴え」と呼ばれている。類似のことは、行政行為はたしかに解決されていないが、しかし権利侵害にかかわらず、実体法上の理由から、行政行為の取消を求める請求権が排除されているケース（事情判決など）について、第111条第1項第4文を類推して肯定されうる確認の訴えに妥当する。

四　計画策定決定の違法性の確認およびこれの執行禁止（Nichtvollziehbarkeit）の確認を求める訴え。この訴えは、結局のところ、事柄の性質上たいていの場合行政行為の（解除条件付の）裁判所による取消になり、そしていずれにせよ取消の訴えに関するルールに従うこととなる。

五　執行結果排除請求権を簡易に主張しうる可能性が、取消の訴えについての第111条第1項第2文で定められている。この可能性はたしかに給付の訴えに係っているが、しかしその適

法要件に関しては大幅に、取消の訴えにつき適用されるルールに従っている。同じことは、第111条第4項によれば、行政行為の取消とならんで、給付を求める、同規定に定められた訴訟上の権限について、あてはまる。

六　第111条第2項による裁判。この裁判は、事柄の性質上、(取消の訴えにみられる) 裁判所による確認をその内容としている。

3．義務づけの訴えの法的性質および対象

　義務づけの訴えは給付の訴えの亜種であり、そして判決によって訴訟の相手方に対し拒否された申請にかかる行政行為を発給するように義務づけることまたは、不作為の行政行為を発給するように義務づけることをその目標としている。義務づけの訴えの対象は、場合によっては不服審査裁決であることもある。第111条第5項に規定する職務行為の概念は、内容上は行政行為に同じである。拒否する行政行為および不服審査裁決が先行している限りにおいて、義務づけの訴えはつねに、行政行為および不服審査裁決の取消を求める申立てをも同時に含んでいる。

　行政行為を発給するように行政庁の義務づけが訴えをもって求められるときはつねに、義務づけの訴えは必要的訴訟類型である。

　義務づけの訴えは取消の訴えと対をなす。公権力に対する権利保護は義務づけの訴えによって完全なものに仕上げられる。

　原告が行政庁の作為すること一般のみを求める請求権を有するという事案、つまり、原告が例えば1つの決定を受けなければならないという事案も、原告の請求権が特定の態様で活動することを目指している事案、例えば具体的許可の賦与を目指している事案も、義務づけの訴えはその対象としている。後者は

前者を含む。いかなる請求権が個別具体の事例で存在するかは、実体法に従って決まる。

4．取消の訴えまたは義務づけの訴えと一般的給付の訴えとの関係

取消の訴えまたは義務づけの訴えは、高権行政の領域においては、行政庁が訴えの請求後に行政行為によってなすべき規律または行政行為と法的紛争が関係しているときかつその限りにおいて、原則としてその他の訴訟類型とくに一般的給付の訴えをも排斥する。

取消の訴えと義務づけの訴えは、既に強調したように、相互に補完しあう。このことは、例えば許可の賦与を求める申請が拒否されるとき、最もよく示される。拒否決定は、不利益な行政行為であり、したがって、取消の訴えによって除去されうる。しかしながら、たとえ原告がこの取消の訴えによって勝訴した場合でも、彼はその最初に求めた目標を決してまだ達成していない。なぜなら、彼は当該拒否決定の発給前よりもその立場がよくなっていないからである。かれの目標を達成するためには、原告は、それに加えて、行政庁が今や彼に対し実際に当該許可を与える義務を負っていると宣言されるという申立てで以って、義務づけ訴えを提起できなければならない。

それにも拘わらず、取消の訴えと義務づけの訴えはその本質上区別される。取消の訴えは目指す効果を判決によって法律上もたらす。それは形成の訴えであり、したがって費用の問題を除いて、執行できない。これに対して、義務づけの訴えは給付の訴えの亜種であり、そして、それに応じて、その判決においては、事後行態についての命令のみを言い渡す。実現するためには、さらに作為することが必要であり、これは場合によって

は強制執行の方法で強制されねばならない。

　第32条の文言は、意図的にそのような形式的訴権（formelle Klagerecht）のみに制限している規定とは異なっている。このことは、民衆訴訟と境界づけている第2項にも当てはまる。「主張」はここでは訴えの適法性の意味においてのみ理解され得る。原告が実際に不利益を受けているか否かは、訴えの理由の存否の問題である。

5．行政裁量

　特に、この関連において、以下の点を指摘しておかねばならない。

　第32条の文言により、行政事件訴訟法は、いつ訴えが理由づけられるのかという問題をここでは放置している。なぜなら、これは行政実体法の問題だからである。しかし、第111条において判決内容を取り扱うにあって、この問題について、裁判所が行政行為を違法と認めたとき、当該行政行為および不服審査裁決が取り消されなければならないと詳述されている（第111条第1項第1文）。行政行為の違法な拒否または不作為の事案に関する類似の規定を第111条第4項が定めている。最後に、第112条は、裁量の踰越または濫用が違法である旨を規定している。この追加規定は判決内容の規定に盛り込まれている。なぜなら、行政実体法の規定は、行政手続法において一部で規定されており、そして、この点の欠缺は場合によっては受け入れがたい効果を有することになりうるからである。行政裁判権は法的コントロールを行使するのであり、その反対に、裁量権の範囲内においては合目的性、不衡平、および相当性の問題は考慮の外に置かれねばならないことが、特に一義的に明確にされるものとされた。

第33条〔確認の訴え〕

　確認の訴えでは、民事訴訟法と異なり、法的な利益でなく、即時の確認（alsbaldigen Feststellung）につき正当な利益がその判断の基礎とされている。なぜなら、法律上の利益が存するかまたは正当な（経済的）利益のみが存するか否かの問題を裁判することは、実務上非常に難しいからである。純粋な経済上の利益もまた確認の訴えを客観的に正当化する。このことは民事訴訟法においては実際にも「法的」利益という概念のさらなる拡張をもたらしている。

　確認の訴えは、本質的には民事訴訟法による確認の訴えに対応する。ただし、その適法性を度外視すると、無効な行政行為に関しても、また、原告は当該求めた確認について、正当な利益を有しさえすればよく、民事訴訟法によるような法的利益を有することを必要としない。

　確認の訴えは、次の3つの確認に資する。

　一は、ひとつの法律関係の存否（相手側によって主張された内容以外の内容を伴う法律関係の存在を含む。）についての裁判所の確認、および

　二に、その法律関係の一部、とくにその法律関係から生ずる個々の権利義務の一部の確認、または

　三に、裁判所の判決による行政行為の無効の確認

　無効な行政行為について確認の訴えの適法性は、明文で規定されている。従来の規定によると、取消の訴えがまず第一であり、そして無効の行政行為が一般に確認の訴えの対象であり得るのか否かが、論争されていた。しかし、これによって、人は無効な行政行為の本質も、取消の訴えの本質も正当に評価しないだろう。無効の行政行為は不存在（nullum）である。そして、このことはいかなるときでも、出訴期間に関係なく、必要な場

123

合に確認がなされ得るとされねばならない。他方、取消の訴えは形成の訴である。しかし、無効な行政行為の取消では確認のみが問題であるが、ただ、取消の形をとっているのである。したがって、無効な行政行為をまず第1に確認の訴えのもとにおくことが必要である。しかし、これによって、無効の行政行為を取消の訴えでもって攻撃することは排除されるわけではない。なぜなら、ある行政行為に付着した瑕疵が、無効であるかまたは単なる取消うべきもの（実体的な意味において）という効果を有するか否かを判断することは、しばしば極めて難しいからである。ここで予定される規定によると、無効の行政行為は取消の訴えの対象にも、確認の訴えの対象にもなり得る。取消の訴えの出訴期間の徒過後は、もはや確認の訴えのみが残されている。

　確認判決の効力は、問題となっている法律関係の拘束力のある確認または行政行為の無効の拘束力のある確認に限定されている。その効力は、判決が既判力を生じると同時にはじめて、生じる。

　確認の訴えには、法律で例外的に別段の定めがある場合を除いて、出訴期間は適用されない。

　第2項では、確認の訴えの補充性が明らかにされている。従来までの疑念を考慮して、形成の訴え（つまり取消の訴え）または給付の訴え（義務づけの訴え。後者は実務では稀）がもはや提起され得ないが、しかし提起し得たであろう場合は確認の訴えもまた排除されることが明らかにされる。

第34条〔訴えの客観的併合〕

　いわゆる訴えの客観的併合は民事訴訟法の規定に倣って立法されたが、しかし、相互に関連のある訴訟上の請求に限定され

ている。これによって、従来の規定によると少なくとも論争のあったこと、つまり、取消（義務づけ）の訴えにその他の訴えを併合できることが明らかにされた。これにより、複数の関連する請求が一つの手続の中で解決することが可能となる。

この条文は、いわゆる訴えの客観的併合を規定している。ここでは、複数の訴えの請求の併合が問題である。すなわち、同一の手続の枠内において唯一の訴えに基づく、1人の原告の同一の被告に対する複数の訴訟上の請求がここでの問題である。訴えの併合は次の4つの態様でありうる。

一に、累積的なもの。相異なる請求が併存して主張されている態様で。

二に、予備的なもの。主たる申立てとならんで、この主たる申立てが不適法であるかまたは理由のない場合に備えて、予備的申立てがなされる態様で。

三に、段階的訴えの形で、裁判所が最初になされた申立てを認容した場合にのみ、第2の申立てがなされる態様で。

四に、これに対して、訴えの選択的併合は不適法である。なぜなら、訴訟物の特定は原告にゆだねられているからである。

複数の訴えの請求を一緒に請求する意思決定は、第34条によれば、つねに原告に委ねられている。しかし、裁判所もまた、第89条に従って、同裁判所に係属している複数の手続を併合することができる。

第34条により反対解釈（argumentum e contrario）からは他の訴訟上の請求との併合は排除されない。そうした併合の適法性の審理は、寧ろ、司法にゆだねられるものとする。

ここではいわゆる弁論の併合は規定されていない。それには第89条が適用される。

第2部 提案理由

第35条〔行政庁の手続行為に対する権利救済〕

この条文は、行政訴訟上の訴えにとってまたは、第72条第5項、第73条第3項、第121条による独立の決定手続における申立てにとって、独自の（消極的）適法要件とみなされる。この条文はとくに手続経済に資する。第35条は権利保護の必要性の密接な接点を有している。この規定は、この権利保護の必要性のほかに、第35条に基づいて手続行為に対する裁判所による独立の権利保護が排除されている場合すべてについて、権利保護の必要性に関する一般的制度を斟酌するだけでも同じ結論が得られない限りにおいて、十分である。

第35条は次のことを防止しようとするものである。行政庁にまだ係属している行政手続がまだまったく終結しておらず、そして該当者がその手続の結果によって行政行為の主文につき不服をうけることとなりまたはその者の権利を侵害されることとなるか否かについて、まだ未決定であるにもかかわらず、その行政手続の終結が、法的救済によって遅延しそして難しくなり、そして裁判所が紛争事件を取り扱うことになることを、防止すべきである。その限りにおいて、同時に、本条は、行政訴訟が原則として事後的な権利保護を保障し、行政手続と並行してすすめられる権利保護を保障しない、という原則からの帰結でない。

第36条〔地方裁判所の事物管轄〕

民事訴訟法と同様に、行政事件訴訟法もまた、裁判所の管轄権に関して事物管轄（職能管轄を含む。）（第36条ないし第43条、第45条）と土地管轄（裁判籍、第44条、第45条）とを区別している。裁判所の事物管轄と土地管轄は、訴えの適法要件または第72条第5項、第73条第3項、第121条による申立手続にお

ける申立ての適法要件である。裁判所の事物管轄および土地管轄は、第30条による事件分配の管轄（分配管轄）と区別されなければならない。

　国、都道府県、または市町村の行政行為が問題となっているか否か、またはこれらの機関の1つが当事者訴訟に関与しているのか否かを問わず、地方裁判所〔の行政専門部〕は原則として全ての訴えにつき事物管轄を有するものである。特定の、まさに第42条で列挙された（最上級の国の行政庁の）行政行為、内部行為統制の手続（第38条）、2つに規範統制の事例（第39条、第40条）、および3つに最高裁判所の特別事物管轄の（すぐ後に定められているその他の）事例についてはまだ例外がある。

第37条〔高等裁判所の審級管轄〕
　第37条から第40条までの規定は、高等裁判所の事物管轄を規定している。

　管轄の性格、職権により管轄を審査すべき裁判所の義務づけおよび所轄裁判所への移送の機能に関しては、行政専門部のある地方裁判所の場合と同じルールが妥当する。

　高等裁判所は原則として第2審たる事実審であり、例外的に上告審である。

第38条〔内部行為統制手続に関する高等裁判所の管轄〕
　この条文は、行政内部行為の統制をその対象とする。ここでは、行政内部行為の合法性または有効性が直接に手続の対象であって、先決問題ではない。第38条は、他の管轄規定との関連における体系的位置にもかかわらず、内部行為統制の枠内において、行政内部行為の有効性についての裁判に関して高等裁判所の事物管轄を規定している。その他さらに、第38条は、

同時にそのような申立ての適法性に関する本質的規定およびその際に考えるべき手続に関する本質的規定をも定めている。

なお、第38条は、義務づけの訴えを予定していない。裁判所による行政内部行為に対する統制は、法の支配の観点から要請されるけれども、他方で、その過剰は慎むべきであろう。

申立人の侵害される権利は、私法上の財産権および人格権をはじめ、公法上の「適正な行政執行を求める権利（適正行政執行請求権）」および無瑕疵裁量請求権を含む、公権を指している。

高等裁判所の専門部が、内部行為統制について事物管轄権と第一審管轄権を有する。

第39条〔規範統制手続に関する高等裁判所の管轄〕

規範統制は、南ドイツ行政事件訴訟法第25条、1998年ドイツ行政裁判所法第47条に倣って、つまり、一般的に定評ある規定に倣って立法化された。基本的規範統制の目的は、一連の個別の訴えをただ1つの判決によって解決し、これにより行政裁判所の負担を軽くすることにある。

この条文は、いわゆる基本的規範統制をその対象とする。ここでは、ある規範の合法性または有効性が手続の直接対象であり、先決問題でない。第39条は、他の管轄規定との関連における体系的地位にかかわらず、基本的規範統制の枠内において、法律の下にある法規命令、条例および行政命令の有効性に関する裁判についての高等裁判所の事物管轄を規定している。同時に、その条文は、そのような申立ての適法性に関する本質的規定およびその際考えられるべき手続に関する本質的規定を定めている。その際、自然人および法人の申立権限は、次のように規定されている。すなわち、申立権限は、もはや不利益にではなく、申立人による権利侵害の主張をその要件としている。申

立人は、法規命令もしくは行政命令またはその適用によって少なくとも近い将来具体的権利侵害が予期されなければならない。

同時に、規範統制の申立ては、申立期間が付されている（第39条第2項第1文）。規範統制申立ては、法規命令等を知った日から2年以内に限って提起することができる。第39条は、行政命令、通達等にも適用しうる。

行政命令は、たしかに行政内部行為の一種であるから、第38条がこれに適用しうるのであるが、しかし、行政命令は、法規命令と同様に、規範の一種であるから、むしろ第39条が行政命令をその対象に含めている。

合目的な管轄の限界づけは困難である。まずは（将来組織されるかもしれない）憲法裁判所（最高裁判所に属する専門部）に管轄のあるそうした事例は、高等裁判所の行政専門部による規範統制から除かれねばならない。さらには、特別の法定管轄が──なかんずく、（将来の）憲法裁判所（高等裁判所に属する専門部）の管轄を考えて──根拠づけられているそうした事例は除かれる。なぜならば、憲法と国法が適合しているか否かの問題を度外視すると、国が県条例の憲法適正または法律適合性の審査をどのように構築しようとするかは、なかんずく国の問題であるからである。その他、規範統制は、その本質上、本来憲法裁判権に属する。

個別具体の事例において取消の訴え（義務づけの訴え）が認められているときも、規範統制を申し立てることができるか否かは、議論の余地がある。このような取消しの訴えとならぶ規範統制の申立ては、ここでは明白に適法であると宣言されている。なぜなら、このようにしてのみ、ただ一つの裁判により多数の争訟を避け、これにより裁判所の負担を軽くするという訴訟経済上の目的が、達成され得るからである。

第2部　提案理由

　南ドイツ行政事件訴訟法第25条に定められていた行政庁の申立権は除去されている。なぜなら、規範統制はその本来の意味によれば、第1に個々人の権利保護を目的にするからである。そのような申立権は、特に下級の行政庁が例えば上級行政庁によってだされた命令を裁判所に提訴するとき、国法上の難問（指揮命令権の問題など）に行き着くことになる。ある行政庁がある命令を違法だと思量するとき、その行政庁は、事務手続により掛け合うことができる。場合によっては、この問題は政府の内部で解明されなければならない。

　口頭弁論は規範統制の場合に排除されないものとする。法廷の裁判官3人および市民裁判員2人がすべて関与することは、無条件に必要である。その結果、その裁判は、決定として下されるのではなく、判決の形で下さなくてはならない。

　当該法規範が無効と宣言されるとき、その判決は、公表されねばならない。当該判決の一般的拘束力は、事柄の性質上条件付きである。全ての裁判所が、いずれの裁判権を有するかを問わず、拘束される。一般的拘束力を宣言する必要性は否定的判決についてのみ存在する。なぜなら、司法審査を受ける規定は、場合によっては、行政裁判権の枠内にはない法領域を広く含むからである。

第40条〔行政計画統制手続に関する高等裁判所の管轄〕

　この条文は、行政計画統制をその対象とする。

　ある行政計画が特定の地域に居住する国民の権利を侵害し、または近い将来に侵害を及ぼすであろう場合に、自己の権利の侵害を主張する者は、その行政計画について訴え（取消の訴え、義務づけの訴え、給付の訴え、確認の訴え）を提起することができる。

第1項は、もともと第36条により専門部のある地方裁判所が管轄する争訟について、第1審にして唯一の事実審として、（専門部のある）高等裁判所の第1審管轄権を根拠づけている。この条文は、とりわけ、通常なら2つの事実審が部分的には繰り返して包括的な証拠調べを履行するであろう訴訟について、行政裁判権の負担軽減に資する。これと同時に、訴訟継続期間の短縮もまた総じて達成される。

とりわけ、大規模な行政計画がたいていの場合相当の経済的、環境生態系的（エコロジー的）および広域空間的な意義を有していることを考慮し、そして問題になっている行政計画の政治的衝撃をも斟酌することもまれではないことに照らし、高等裁判所への配分（そして高等裁判所への提訴を回避しての地方裁判所への配分ではない。）が行われている（審級管轄）。

第40条による高等裁判所の第1審管轄は、計画策定に代えて賦与される許認可、ならびにその行政計画に必要な許認可および許可全体に関する争訟（第1項第2号）についても、主たる本案手続および従たる手続に妥当する（第1項第1文「争訟すべて」）。これにより当該手続は、行政計画に関する許認可または行政計画手続をその対象とし、これとの関連において近隣住民に有利となる必要的保護命令、許認可等の取消しまたは撤回をもとりあつかう。とくに第73条第5項、第74条第3項および第121条による手続が、従たる手続の例である。

第41条〔最高裁判所の管轄――上訴〕

最高裁判所は、第42条における第一審管轄の例外を除いて、上告裁判所のみである（その余の点につき、参照、第36条に関する詳述）。

第41条および第42条は、最高裁判所の事物管轄を規定する。

第41条は、上訴裁判所としての最高裁判所の職能管轄にかかわっている。その他に、最高裁判所は、第45条第1項および第2項の詳細な定めに基づく管轄裁判所の指定について権限を有する。

第41条の性格、最高裁判所が職権によりその管轄権を審査すべき義務、および管轄裁判所への移送権能に関しては、地方裁判所の場合と同じルールが妥当する（第34条）。

第42条〔始審かつ終審の最高裁判所の管轄〕

この条文は、第一審として（かつ同時に終審として）かつ同時に事実審として行政事件を裁判しうる最高裁判所の事物管轄を規定している。第42条は、始審にして終審の最高裁判所の事物管轄の事例で、既に第36条で例外として言及されているものを扱っている。最高裁判所の第一審管轄は例外事例である。

第1項に掲げる事項は、第43条にかかわりなく、限定列挙である（従前の機関訴訟）。この条文の拡大解釈は許されない。

第42条の性格、最高裁判所が職権によりその管轄権を審査すべき義務、および管轄裁判所への移送の権能に関しては、地方裁判所の場合と同じルールが妥当する（第34条）。

公益上の理由から最高裁判所の即時に既判力を生じる裁判が必要である場合には、例外規定が設けられねばならないであろう。それゆえ、法律において、最上級の国の行政庁の個々の行政行為については、最高裁判所に始審として管轄権をも持たせるという可能性が開かれている。

第43条〔結社禁止の訴えに関する手続の中断〕

第43条は、同じ結社に関する結社禁止事件について複数の訴えが相異なる裁判所に同時に係属しているケースに対する特

別規定であり、とくに両立しない裁判を防止するために規定している。

如何にして最高裁判所と高等裁判所との矛盾判決を「確認手続」において排除するかが、草案においても規定されねばならなかった。この種の確認手続と行政裁判所に係属する他の手続は如何なる関係にあるべきかについての規定も、置かれねばならなかった。

第5章　土地管轄

第44条〔地方裁判所の土地管轄〕

第44条は、行政専門部のある地方裁判所の土地管轄を規定してる。土地管轄（裁判籍）とは、第44条、第45条の詳細な一定の要件に基づいてその裁判所管轄区域に属する争訟について、事物管轄（第36条）の枠内において裁判を求められる裁判所の管轄をいう。

第44条に規定する土地管轄の規定は、限定列挙されており、したがって条例または条約によって変更または補充されることはできない。

執行裁判所としての（行政専門部にある）地方裁判所の土地管轄について第44条は適用されず、第165条および民事執行法の関係規定が適用される。

第36条以下による事物管轄の規定と同様に、土地管轄に関する規定もまた強行規定である。土地管轄もまた、裁判所が手続のあらゆる段階において職権により審査しなければならないが、しかし、上訴審ではもはや審査しえない。

提訴の時に（第86条）根拠づけられた裁判籍は、その前提要件が後発的に消滅することによって、また審級関係を考えても、

もはや変更されない。これに対し、管轄を根拠づける事情の変更は、(土地)管轄が起訴時に欠けていたとき、裁判所の裁判があるまでの間、斟酌しなければならない。

第 45 条 〔管轄裁判所の指定〕

この条文は、事物管轄および土地管轄に関する地方裁判所の規定により管轄権を有する裁判所に支障がある場合(第1項第1号)について、またこのルールが具体の事案において法的理由または事実的理由からなんら結論を得られないかまたは一義的な結論を得られない場合について、直近上級裁判所ないし最高裁判所による管轄の指定を定めている(いわゆる裁判官言い渡しによる裁判籍)。ここでは、行政裁判権内部での管轄が規定されている。この規定の目的は、とりわけ「当事者の利益および法的安定性の利益」のため、いずれの裁判所が本案裁判につき管轄権を有するかについての、扱いにくい紛争を可及的速やかに終了することにある。第45条による管轄裁判所の指定は、司法の行為であり、司法行政の措置ではない。第45条は、同一裁判所に属する部相互間にも類推適用されなければならない。

管轄裁判所は、第152条により不服を申立てることのできない決定によって決められる。

草案は、土地管轄についての当事者の合意が法的効力を有するか否かについて、規定を設けることを断念した。ここでは、当事者争訟または取消の訴えについて、必要な場合、どの程度まで相異なる原則を適用しなければならないかは、裁判例の発展にゆだねられ得る。

第3編 手　　続

第1章　一般的手続規定

第46条〔裁判所職員の除斥および忌避〕

　この条文は、民事訴訟法の関係条文にならって、行政事件訴訟における裁判所職員の除斥および忌避を規定する。民事訴訟法の規定は、準用しうると宣言されており、かつ若干のそれ以上の理由から補充されている。裁判所職員とは、裁判所の構成員、裁判官である。民事訴訟法第27条は、第23条ないし第26条の適用対象を「裁判所書記官」に拡張している。鑑定人（鑑定人の忌避については、第95条、民事訴訟法第214条）および参考人（民事訴訟法第187条第1項）は裁判所職員でない。また、通訳も同様に裁判所職員でない。

　多くの行政事件に携わる裁判官が行政（例えば法務省訟務局）から来ているという事実に鑑みて、行政手続に既に関与した裁判官は、その限りにおいて、法律によって、裁判官としての活動から除斥されねばならない。市民裁判員については、通常、このことは滅多なことでは現実味を帯びてはこない。第3項は、客観的にその対象を広げている。なぜならば、予断を抱いているという理由での忌避は、裁判所職員がある団体の代表であるという事実のみを以って、根拠づけられるからである。

第47条〔送　達〕

　行政事件訴訟法は、民事訴訟法の場合と同様に、命令および裁判を知らせる形式として、送達および告知を定めている。第47条は、第1項にいう裁判などのために、告知が定められて

いる場合を除いて、原則として民事訴訟法および民事訴訟規則による送達を定めている。その理由は、一に、当事者が実際に確実に知るに至ることにあり、二に、送達または公知を前提にする上訴期間が進行しはじめないこと（第49条）が、予防されること、三に、既判力の発生（第119条）が場合によって遅れることを予防されることにある。

第47条は裁判手続の枠内における裁判等にのみ直接に適用されるが、しかし、第66条第3項第1号に従って不服審査裁決にも適用されるが、これに対し、行政行為には適用されない。判決については、第47条は、第114条、第115条第3項および第4項によって補充される。

第48条〔多数当事者手続における公示送達〕

この規定はいわゆる多数当事者手続の場合における手続の簡素化のために導入されている。第57条第3項（訴訟参加）、第60条（共同代理人の選任）、第90条（モデル手続）もまた、類似の目標を有しているので、第48条は、これらの規定と大幅に一致している。

第48条は、50人以上の者に公示するとき、裁判所は、告知に代えて、公示送達による送達によっておこなうことができる旨を規定し、その際に注意すべき手続を規律している。

この規定は、法的にもまたとりわけ法政策的にも疑問の余地はない。その実務上の意義は、あまり大きくないようにおもわれる。なぜなら、当事者は多数当事者において従来の経験によればたいていの場合若干の少数の弁護士に委任し、このため、50人の数に達することは稀である。

第48条による手続に代えて、裁判所は、第60条によりひとりの共同代理人の選任を当事者に課すこともできる。

第49条〔期 間〕

この条文は部分的には第47条を補完している。第49条は、本来のまたは真正の期間にのみかかわっている。これは、訴訟当事者が訴訟行為の着手のために法律により（いわゆる法定期間）または裁判官の指定に基づき（指定期間）用いうる期間をいう。第490条は、第61条、第67条の定めるところにより、不服申立期間および出訴期間にも適用される。これに対し、いわゆる不真正の期間すなわち裁判所自身の特定行為について定められている期間、とくに第50条第2項および第52条第3項による不変期間は、第49条に該当しない。同様に、実体法上の期間、すなわち、例えば申立てについて実体法によりまたは行政手続法により定められている期間にもまた第49条は適用されない。不真正の期間には、第171条を経由して民事訴訟法第95条のみが適用される。この第95条第1項は民法の規定を参照させている。

したがって、実体法期間は、法律に別段の規定がある場合を除いて、民法の規定を準用して、計算しなければならない。

第1項は、出訴期間の起算日の確認にあっての難題を避けることをその目的とする。

第50条〔権利救済の教示〕

この条文は、何人も権利救済に関する無知のため敗れ去るべきでないという思考に基づいている。この条文は、次のことを顧みることなく、上訴およびその他の法的救済のための期間の進行をはじめさせる。当事者が問題の上訴または法的救済の可能性および前提要件を実際に認識していなかったかどうか、または権利救済の教示の欠如もしくは間違いの結果、法的救済の提起がなされなかったかもしくは遅くなってしまったかどうか

は、問わない。

この期間の進行は、いずれの場合にも正規の権利救済の賦与に左右される。裁判所ないし行政庁が法律により権利救済の教示を賦与すべき義務を負っている（第115条第2項第6号、第78条第1項第3文、第51条、第66条第3項第1文）か否かもまた、重要でない。権利救済の教示がその裁判と一緒に行われないとき、当該裁判自体に対する上訴期間ないしその他の法的救済期間もまた、権利救済の教示書が事後に賦与した時からはじめて進行しはじめる。

権利救済の教示を賦与する義務は、第50条からは生じない。第50条は、正規の権利救済の教示が、理由はどうであれ、おこなわれない場合の効果を規律しているだけである。

第51条〔行政庁の教示義務〕に関して
第1項

ここでは、全ての行政庁が権利救済の教示を尽くすべき義務について定められている。地方公共団体の行政庁への教示義務の拡張は国会の権限を踰越する。なぜなら、ここでは、裁判手続だけでなく行政手続もまた取り扱われているからである。「行政庁」という概念は、できる限り広く解釈されねばならないだろう。この規定にもかかわらず、権利救済の教示が行われないとしたら、それは第2項および第3項から生じる効果のみを有する。

第2項

立証を容易にするために、書面による権利救済の教示が明文でもって規定されている。誤った権利救済の教示が出訴期間を進行させないことも、明記された。

第3項

従来の法律と異なり、権利救済の教示が瑕疵ある場合または誤っている場合は、上訴の提起は、上訴の出訴期間が（適正な教示ならば）進行しはじめたであろう時点から、1年内のみ適法である。上訴の提起の期間を1年に限定することは、法的安定性のために是非とも必要である。ここでは、既判力を生じさせることと同様の法政策的な要請がその基礎にある。除斥期間は、原状回復に関する類似の規定を考慮して選択されている。

第51条〔行政庁の教示義務〕

行政事件訴訟法は、権利救済の教示を賦与すべき義務を一般的に定めているのではなく、特定の裁判のみに定めている（参照、第51条のほか、第115条第2項第6号、第66条第3項第1文）。第51条は、行政庁の書面でなす行政行為についてのみ適用される。

教示義務は国民の権利保護に、そして第50条を考慮すると法的安定性と法的平和にも資するにもかかわらず、一般的教示義務は、特別の法律根拠のない限り、憲法第32条からも一般に法治国原則からも導きだすことができない。

第52条〔期間徒過の原状回復〕

行政事件訴訟法は、その第52条において、法定期間の懈怠に対する原状回復を許している。

第52条は、実体的正義および該当者の権利（問題となっている実体的基本権および聴聞権を含む。）の保護の要請と法的安定性の必要性との衡量に基づいている。

本人の故意過失はその判断の基礎とされていない。これよって、代理人の故意過失もまた原状回復を排除することが明らか

にされる。

第53条〔当事者能力〕

　訴訟行為の有効な着手は、行政事件訴訟においても民事訴訟法と同じく、次のことを前提要件とする。訴訟行為を着手する者ないしは——訴訟代理（第59条）の場合には——その者の名において訴訟行為を着手させる者、およびその訴訟行為に対して着手させる者が、当事者能力（第53条）を有し、訴訟能力（第54条）を有し、訴訟遂行権を有し、そして補佐能力（第59条）を有し、あるいは補佐能力を欠くときは第59条により正規に代理させている、ということが前提要件である。その他、訴訟代理人が当事者を代理するとき、この訴訟代理人が代理権（第59条）を有し、これを裁判所に呈示することが、必要である。前述の前提要件は、申立手続（例えば、第39条。第72条第5項、第121条によるもの）にも妥当する。

　これらの要件の存在は職権により手続のあらゆる段階において、上告審においても審査されなければならない。これらの要件の一が、原告の側に欠けているとき、訴えは不適法として却下されなければならない。被告が当事者能力を欠くときも、同様である。訴訟参加人について、前述の要件の一が欠けているとき、その結果、その判決の既判力はこの者におよびえない（第118条）。その他、必要的訴訟参加の場合には、その裁判には瑕疵があり、そのため実質的既判力は生じない。

　民事訴訟法に比べて当事者能力は拡大している。民事事件の場合と異なり、行政訴訟では、財産権上の争訟でなく、共同社会との関係が前面に出ている。それゆえ、人格のない社団等が私法上のものかまたは公法上のものかを問わず、人格のない社団等自体が、すなわちその構成員を経由することもなく、行政

裁判において公法上の請求を主張し得るとすることが必要である。

1962年行政事件訴訟法により承認されている行政庁の当事者能力は、本規定によって最終的に除去されている。その必要性はここではもはや存在しない。なぜならば、民事訴訟の場合と同様、行政訴訟手続における政府の代理権を引き受けるべき機関を組織法に基づき決定することは、中央政府または各地方政府に依然としてゆだねられているからである。例えば、行政行為を行った機関がその都度代理権を持つものとすると規定することもできるであろう。これに反対して、そのような組織法上の処分に関する知識を一般に国民に期待しえないと異論をはさむこともできない。なぜならば、第70条によると、訴えの提起にとって、原行政行為を行った行政庁を表示することで、いずれにせよ十分だからである。そして、必要な場合、正しい被告を職権調査することは、裁判所の任務である。

既に第39条（規範統制手続に関する高等裁判所の管轄）に関する立法理由において詳述したように、同一の権利主体の行政庁（複数）に対し当事者能力を付与することにより、行政訴訟を相互間で遂行する可能性を創造する理由もまた存しない。そのような場合には、権利保護の現実的な必要性は存在しない。

第54条〔訴訟能力〕

訴訟能力とは、当事者（第55条）の有効な訴訟行為の前提要件の一つである。

訴訟能力は原則として職権により審査されなければならない。

第55条〔当事者〕

行政事件訴訟法は、訴訟に固有の手続権をもって、とくに手

続の申立てを提起する権利および本案の申立てを提起する権利をもって関与する者すべてを、当事者と総称する。

この当事者概念は、機能的には民事訴訟法におけるそれに対応しているが、しかし民事訴訟法上の当事者概念（原告と被告）よりも広く包括的である。

当事者には、訴訟法律関係が成立し、そして裁判の既判力が生じ（第119条）、そして費用負担（第154条）が分担される。訴訟参加人も含まれる。

第56条〔訴えの主観的併合〕

この条文は、訴訟経済の理由から、しかし部分的には、訴訟物の性質を考慮に入れて、行政事件訴訟における共同訴訟を、民事訴訟法におけると同じ前提要件のもとで同じ範囲で許している。これにより、複数の当事者からなる訴えについてひとつの共通の弁論と裁判が当事者ないし裁判所に可能となる。

共同訴訟は訴えの主観的併合とも呼ばれる。ひとつの手続に（共同訴訟人として）複数の者が原告または被告として登場するとき、共同訴訟がみられる。ひとつの手続において共通の弁論、証拠調べおよび裁判のために併合されている、そうした複数の訴え、複数の訴訟および複数の訴訟法律関係が問題である。それ故例えば訴訟要件もまた、それぞれ各個の訴えについて具備していなければならない。一方の側または他方の側に複数の者が関与しており、しかもこのことが本案の裁判にとって必要でない場合、その共同訴訟を単純共同訴訟という。本案の裁判が、実体法の理由から、民事訴訟法第40条に詳細に規定されている態様でこれらの複数の者の関与を前提としているときには、この共同訴訟を必要的共同訴訟という。

共同訴訟は従来の行政事件訴訟法に規定されていなかった。

それにもかかわらず、共同訴訟が行政訴訟にも許容されかつ合目的的でもあるとする見解で一致していた。このことは、通常共同訴訟にも必要的共同訴訟にも当てはまる。共同訴訟を認めることは、特に給付の訴えの場合、訴訟経済の必要性に対応している。なぜなら、これにより、本質的に一体をなす事実関係に係わる多数の個別訴訟を回避することができるようになるからである。

共同訴訟は、次の点で訴訟参加（第57条）と区別される。共同訴訟人は原告または被告として訴訟における主たる当事者であるが、訴訟参加人は法的紛争への参加者である。したがって1人の共同訴訟人の欠如を訴訟参加人によって補うことはできない。

第57条〔訴訟参加〕

この条文は、原告でも被告でもない第三者をひとつの係属中の訴訟に引き込むことを規律している。これにより、この第三者は、その者の法的利益（権利を含む。）を訴訟物との関連で守る可能性を与えられると同時に、既判力の拘束力（第119条）をその訴訟参加人にも拡張することによって、訴訟参加はその裁判の実効性、訴訟経済および法的安定性に役に立つ。

訴訟参加は、当該紛争が原告被告以外の者を巻き添えにすることがありうる場合に、行政事件訴訟、特に取消の訴え（義務づけの訴え）において、原告被告以外の者を当該法的紛争に関与させるための特別な訴訟上の手段である。同時に、訴訟参加は、裁判所が紛争関係に関しすべてを包括的に職権探知することを可能にする。そして、訴訟参加は訴訟経済上のメリットもある。なぜなら、訴訟参加は大規模な複合的紛争を1つの裁判により解決し、そして矛盾する裁判を防止するのに資するから

である。

　共同訴訟人が直接の当事者（原告または被告）であるのに対し、訴訟参加人が第三者であるという点で、訴訟参加は共同訴訟と区別できる。共同訴訟は、必要的共同訴訟を別として、当事者の意思に基づく事柄であり、他方、訴訟参加は職権により行われる。

　訴訟参加は、主参加、補助参加、訴訟告知および直接占有者の指名とある種の類似性を示している。しかし、実体要件が異なる種類のものであることを度外視するとして、これらの制度が当事者の処分に服している点で、訴訟参加はこれらの制度と訴訟上区別できる。第三者参加に関する民事訴訟上の可能性と訴訟参加との関係は、訴訟参加が第三者参加の可能性を含むが、しかし第三者参加に限定されないというふうにいいあらわしうる。

　行政事件訴訟法の従来の規定が本質的には受け継がれている。いわゆる、必要的訴訟参加である場合に限って、訴訟参加を求める請求権が成立することが明らかになった。その際、第三者の権利領域が同時に直接に当該裁判に巻き込まれることなく、訴訟当事者間に横たわっている紛争を裁判できると期待できない場合には、訴訟参加は必要的と見なされなければならない。行政行為がある者に不利益をもたらす限りにおいて、同時に別の者に利益をもたらすそうした行政行為が訴えの対象である場合に、特にそうである。この場合は、法的紛争への訴訟参加を求める請求権を第三者に賦与することが、必要であると考えられる。しかし、その他の場合、訴訟参加は裁判所の覊束裁量にゆだねるものとする。なぜならば、いずれの第三者が当該裁判によって、その者の法律上の利益に──恐らくは非常に遠くはなれているとしても──「影響を受ける」かは、必ずしも常に

十分明確に認識し得ないからである。しかし、これが、訴訟気狂いに歓迎すべき機会を与える訴訟上の不備の元凶を創造することになってはならない。第三者の利益はこれにより決して危険にさらされることはない。なぜならば、第三者が訴訟参加させられない場合は、第三者に対して既判力の効果は生じないからである。

訴訟参加決定によって、その第三者は当事者（第55条第3号）になるが、しかし他者の法的紛争における第三者としてである。訴訟参加人は原告または被告の支援に限定されていない。場合によって、訴訟参加人は別な訴訟参加人のみを支援することもありうる。

第58条〔参加人の地位〕

訴訟参加人によって、参加人は当事者としての訴訟法上の地位を獲得する。民事訴訟法による補助参加（民事訴訟法第42条、第46条）と異なり、単純訴訟参加人および必要的共同訴訟人は、原告または被告の支援に限定されていない。訴訟参加人は、独立しており、そして原告・被告と共にまたは原告・被告に反して自己の利益を主張できるし、そして双方に反しても――各個々の争点ごとに自己の利益のために――主張することができる。

第59条〔訴訟代理人および補佐人〕

民事訴訟におけると同様に、行政事件訴訟法もまた、訴訟代理人による当事者の代理および補佐人による補佐を許している。補佐人は、訴訟において当事者を代理するのではなく、たんに当事者と一緒にそして当事者を支援するために活動する。

国民は、訴訟において弁護士またはさもなければ適格な代理

人もしくは補佐人の援助を用いる権利を有している。この国民の権利は、法治国原則からの本質的帰結であり、そして原則として憲法第 12 条第 1 文、第 13 条第 2 文によってもまたその事件にかかわりのある特定の基本権並びに憲法第 32 条によって保障されている。

代理人が選任されると、聴聞権は一次的にこの代理人に与えられる。したがって、その限りにおいて、当事者の聴聞権は原則として必要でもそれで十分というわけでもない。

代理人強制（弁護士強制）は、地方裁判所に存しない。当事者は、代理人を選任できるが、代理人の選任は必要でなく、本人訴訟もまた可能である（例外は第 2 項第 2 文）。

第 60 条〔共同代理人〕

この条文は、第 48 条、第 57 条、第 90 条と一緒になって、多数当事者許訴手続の実施を容易にする。この目的のため、裁判所は、第 60 条により、多数当事者手続における当事者に対し一定の要件のもとで裁判所において 1 人の共同代理人の選任を課すことができ、そして場合によってはみずからひとりの弁護士を代理人として選任することもできる。

第 2 章　取消の訴えおよび義務づけの訴えに関する特別規定

第 61 条の前注に関して

1．不服申立前置手続の意味と目的

第 61 条は、取消の訴え（第 1 項）および義務づけの訴え（第 2 項）の適法要件として、原則として第 61 条以下による前置手続の実施を定めている。不服申立前置手続において、係争の

行政行為または申請に係る行政行為の発給の拒否が、行政自身によってもう一度合法性および合目的性の観点から事後審査をうける（第61条第1項第1文、第2項）。前置手続は、一に、行政の合法性と合目的性の原則の保障、二に行政内部における行政の裁断について審査による国民の権利保護、三に、裁判所の負担軽減に資する。

2．適用対象
第61条第1項第1文、第2項の規定によれば、第61条以下による前置手続は、取消の訴え（第1項第1文）および義務づけの訴え（第2項）の提起前に実施されなければならない。

第61条〔不服申立前置手続〕

第61条以下による前置手続（不服申立手続）の実施は、行政事件訴訟が例外を定めている場合を除いて、取消の訴えおよび義務づけの訴えについて、第68条によれば、訴えの必要的訴訟要件のひとつである。

当事者は、前置手続を経由しないで提起された訴えにより訴求することによってもあるいは明示的にも、前置手続の経由を放棄できない。

従来の行政事件訴訟法において行政裁判の不服申立前置手続が最も問題であった。一方で、自からの審裁判を二度再審査することを行政庁に強いることによって、その不服申立前置手続が裁判所の必要不可欠な負担軽減に貢献していることは、認めねばならない。これは、行政専門部の労働量を適度にとどめるため個別具体の場合に綿密な審査を許さないそうした大量の行政行為が問題になっている場合、特に意義がある。権利保護請求者は裁判所では法的責問のみを主張できるのに対して、不服

第2部　提案理由

申立前置手続は合目的性の点をも含めてもう一度の再審査を定めているので、とりわけ不服申立前置手続は権利保護請求者に直接的便益をもたらしている。その反面、不服申立前置手続は行政裁判の判決を遅らせる。したがって、そのような遅延は、前置手続が成功裡に進まない場合、権利保護の毀損を実際にもたらしうる。

従来の不服申立前置手続が寄せられた期待を必ずしも完全には満たしていなかったことは、既にほぼ明らかになっている。最も重大な欠点として、異議申立と審査請求との並存が摘示された。弁護士および行政庁にさえ、申立てられた権利救済について不明な点が生じたし、その結果、審査裁決、異議決定および裁判所判決のかんばしくない並存と混乱が生じた。

原処分庁が異議申立を理由なしと判断するとき、二番目の行政審査裁決が原則的に上級行政庁によって下されねばならない場合に限って、不服申立前置手続はその与えられた任務を果たすことができる。しかし、同時に、法的明確性および法的安定性のため、不服申立前置手続と略式の行政苦情処理の複線方式は一般に取り除かれねばならない。

草案は原則として不服申立前置手続の維持を決めており、そしてまた詳細に当該手続を規定している。

行政行為が最上級の国の行政庁および地方公共団体の行政庁によって発給される限り、不服申立前置手続は省略されうる。なぜなら、これら最上級の行政庁で想定されうる専門的能力に鑑み、不服申立前置手続は恐らくは単に行政判決の無用の遅延を意味するであろうからである。

第1項第2文の「法律が特別の場合について事後審査の不要を定めているとき」という制限は、既存の特別法には関係するが、この2001年行政事件訴訟法の公布と同時に効力を失うそ

うした従来の行政事件訴訟法には関係しない。同じことは第1項第2文第2号にも当てはまる。

第2項は、行政行為が拒否された後の義務づけの訴えに関して、単に宣言的な意義のみを有する。なぜなら、ここで同時に提起されるべき取消の訴えに関して、不服申立前置手続は既に行われていなければならないからである。

第62条〔不服申立前置手続の開始〕から第66条〔不服審査裁決〕に関して

不服申立前置手続における事後審査は原則として直近上級行政庁によって行われる。直近上級行政庁が最上級の国の行政庁または地方公共団体の行政庁である場合、これら行政庁に過度のそれぞれ行政任務を負わすことのないように、この原則は破られる必要がある。

自治行政事務については直近上級行政庁は存在しない。しかし、地方公共団体による裁量についての国家の監督行政庁による裁量の事後審査は自治行政権への許されざる侵害である。

したがって、不服申立前置手続は異議申立手続の便益と審査請求手続の便益とを結び合わせている。混同を排除するため、権利救済のために中立的な名称である「不服申立」が選ばれた（事実上の1審制）。

行政行為を発給した行政庁においてでさえ、不服申立ては書面によりまたは（調書に記載される方法により）提起されなければならない旨が、法的安定性のため定められている。不服申立てが直近上級行政庁へ不服申立期間内に提起される場合、不服申立期間もまた遵守されている。

たとえ第66条により直近上級行政庁が不服審査裁決をする権限を有しているとしても、行政行為を発給した行政庁が、手

続経済の理由から、当該不服申立てを自ら容認（すなわち是正）する権限を有している。

第62条〔不服申立前置手続の開始〕

不服申立は、行政事件訴法により定められた権利救済である。その権利救済は前置手続から始まり、そして国民に負担となる行政行為または国民の申請を拒否する行政行為を事実の点および法律の点について、並びに場合によっては合目性について再審査することをその目標とする。不服申立は、現行の行政事件訴訟法で定められている異議申立と審査請求の二段階にかえて統一的に組みかえて構成されており、取消の訴えと義務づけの訴えの訴訟要件である。

不服申立は、遮断効を有する。すなわち、不服申立は、係争行政行為の不可争力（形式的既判力）および既判力（実質的既判力）の発生を妨げ、そして通常は、しかし例外のないわけではないが、移審効果をも有する。その他、不服申立の提起と同時に、第72条第1項の通常のケースでは係争行政行為の執行停止の効力が生じる。

第63条〔不服申立の形式と期間〕

この条文は、不服申立の形式と期間を規定するほか、不服申立の提起に関する管轄を定めている。形式と期間の遵守は、前置手続の実施のための本質的要件であると同時に、（のちの）訴えのための訴訟要件である。不服申立権が失効していないことは、同様に、不服申立および訴えの適法要件でもある。

第64条〔聴　聞〕

この条文は、憲法上の法治国原則および法の一般原則の表れ

第3編　手　続

である。行政行為によって不服になる（なりうる）者（利害関係人）は、この行政行為の発給前に聴聞をうけなければならない、というのが法の一般原則である。そして、この条文は、法治国で必要とされる行政不服手続の必要要件の一つをみたしている。

第65条〔不服容認裁決〕

　第65条は、原処分庁が必ずしも不服審査庁と同一でないという通常の例から出発し、しかしまた、そうであっても、原処分庁がもう一度その事件を取扱いそしてみずからの裁断を再審査しなければならないことを確実にしている。このことはとくに自治行政の案件について、監督庁が不服審査庁として合目的性の事後審査をするとき、重要である。不服申立が直接に不服審査庁に提起されたときは、この不服審査庁は、是正（容認）する機会を更正行政庁に与えなければならない。この義務の違反は、第71条第2項第2文にいう不服申立手続の本質的瑕疵である。更正手続において係争行政行為をもう一度真摯に再審査すべき義務を原処分庁が怠った場合も、同様である。しかし、更正行政庁と不服審査庁が同一である場合には、更正手続は行われない。なぜなら、移審効果が生じないからである。

　是正する権限は、すべての前置手続について成立しており、したがって、不服申立が不服審査庁に引き渡され、移審効果が生じたのちにも、そうである。

第66条〔不服審査裁決〕

　不服審査庁は、不服申立について不服審査裁決で裁決する。
　不服審査裁決もひとつの行政行為である（参照、第71条第1項第2号）。不服審査裁決が独自の不服を含んでいるときに限り、その不服審査裁決は、第71条第1項第2号および第2項によ

り、分離して(すなわち原処分の取消請求が同時に行われずに)取消請求することができる範囲において、この不服審査裁決はその取消請求に関して特別の規律に服している。

不服審査裁決による以外の態様で不服申立手続が解決した場合には、訴えの取下げ、和解(第103条)に関する原則が準用される(第88条)。さらに、本案の解決については不服申立人および行政庁が一致して宣言しなければならない(第160条第2項)この場合にも、事件の係属していた不服審査庁は、不服審査裁決によってその不服申立手続を完結しなければならない。

第67条〔出訴期間〕

行政事件訴訟法が弁護士強制を求めていないことを考慮して、経験の少ない権利請求権者にも十分な熟慮期間を供与するために、6ヶ月に定められることが示されている。

第67条の出訴期間は、取消しの訴えおよび義務づけの訴え(第111条第1項第4文による継続確認の訴えを含む。)にのみ適用される。

裁判所による権利保護を出訴期間に左右させることは、憲法上、憲法第32条を考慮に入れても疑問の余地はない。出訴期間の制限は、反対に、法的安定性および法的平和のためでもある。

出訴期間は、無効な行政行為に対する取消しの訴えについても妥当する。

権利救済の教示がおこなわれなかった場合、原則として第50条第2項による1年期間が妥当する。

不作為の訴えの場合、訴えの適法性は第68条により判定されなければならない。この場合には、第67条による期間は、適用されない。しかし、訴権は場合によっては失効することが

ある。

　出訴期間の遵守は、取消の訴えおよび義務づけの訴えの訴訟要件である。この要件は原則として原告の側で具備しなければならない。期間の計算については、第49条第2項、民事訴訟法第95条第1項、民法第139条ないし第143条が適用される。法定期間である出訴期間の懈怠に対しては、第52条による原状回復が可能である。出訴期間の懈怠は、訴権の失効および実体法上の請求権の失効から区別されなければならない。

第68条〔不服審査裁決を要しない訴え——不作為の訴え〕

　行政庁が不服審査裁決を不当に引き延ばす場合、不服審査裁決をまたずに訴えを可能にする途が、行政権利保護の迅速化のため、見いだされねばならなかった。本来の不作為の訴えの場合、出訴期間の始期に関する規定は、不当に引き延ばされた不服申立決定の場合に関するルールにちょうどよく合致している。なぜなら、両方のケースは本質的に同一状態であるからである。

　この条文は、取消の訴え、義務づけの訴え並びに前置手続を予定しているその他の訴えの代わりに、第61条以下、第67条にかかわらず、直接に不作為の訴え（広義）を扉を開いている。この不作為の訴えは、行政が不作為によって原告から訴えの可能性を奪い取らないことをまたは不相当に遅延しないことを、その目的としている。第68条では、追加の訴訟要件が問題である。

　第68条の明文の規定は、（法律に別段の規定がある場合を除いて）、行政庁の単なる不作為を黙示的消極的不服審査裁決ないし決定と解釈することを排除している。

　他方、第68条は、不服審査庁が不作為のままであるケース

について、国民に与えている。したがって、この条文は、当該国民が不服申立の代わりにまず不服審査裁決の発給を求める訴えを提起することを、排斥していない。この権能は、とりわけ行政が裁量の余地または判断の余地をもっているとき、その国民にとって実務上大きな意義をもっている。

先の両事案の場合に本則の期間として3ヶ月と定められる。しかし、この本則期間は、事案の特別な事情を正当に評価するために、裁判所により短縮または延長されうる。ある問題が真摯な努力にもかかわらず、3ヶ月以内に解決できない場合であっても、遅延に十分な理由があるとき、裁判所の介入は不要である。

第69条〔不服申立手続の排他性〕

この条文は、前置手続の規定の統一性のために、原則として、行政訴訟上の訴えの前置要件としての、異議申立手続および審査請求手続に関する多種多様な条文すべてを廃止してしまい、そしてこれに代えて行政事件訴訟法第61条以下による不服申立手続（前置手続）に置き換えている。

第70条〔被 告〕

この条文は、だれに対して取消の訴えまたは義務づけの訴え（継続的確認の訴えを含む。）が向けられなければならないかを、規定している。この規定は、誰が被告であるかの判断を原告から取り上げるものである。どの団体〔地方公共団体、国など〕が訴えられねばならないかという問題は、誰が原行政行為を発給したかに応じて、判断される。しかし、この規定は、受動的訴訟遂行権限にかかわっており、したがって、訴えの適法性にかかわっている。

第71条〔取消の訴えの対象〕

行政事件訴訟法は、行政行為をなした原処分庁における手続と、不服審査庁における手続とを原則として（参照、第1項第1号）一体のものとして取り扱っている。それ故、第71条第1項は、負担的行政行為が不服申立手続においても不服審査裁決によって——または第1項第1号を類推適用して原処分庁の変更裁決によって——変更されず、したがって、国民がその不服審査裁決後になお不服をうけている範囲に限って、負担的行政行為の取消請求を許している。

取消の訴えはたしかに原行政行為をその基礎としなければならないが、しかし、不服審査裁決によって変容された内容と附記理由からなる原行政行為をその基礎としなければならない。

行政行為と不服審査裁決は裁判手続にとって独立して併存しているのではなく、一体をなしていることが、明らかにされている。しかし、重点は原行政行為にあり（原処分主義）、その結果、第53条第2号および第3号第1文による土地管轄は、行政行為を発給した行政庁の所在地に従って常に判断される。

第72条〔執行停止の効力——即時執行命令〕

不服申立ておよび取消しの訴えによる執行停止効力の原則は法治国家の原則に合致する。すべての行政行為が概念の上でのみ執行停止効力をもちうる場合においては、行政行為が特別の執行を必要としているか否かを問わず、行政行為は執行停止効力を受ける。行政庁が裁判所の判決までに行政庁の意思を貫き、それにより短期間に執行済みの事実を作り上げることを意のままにできるとすれば、行政権利保護は相当にその実効性を失うであろう。他方、裁判所の判断が下されるのを待つことのでき

ない場合において、行政庁は公益を考慮して非常措置を講じねばならないという状況が共同生活において生じうる。それゆえ、個々人の利益と公益との間において受忍しうる調整が見出されなければならないであろう。

第72条は、第73条、第121条および第39条第6項と共に、裁判所による仮の権利保護および第72条第1項から第4項までおよび第6項並びに第73条第1項および第2項の場合には、行政手続による仮の権利保護をも規律している。

第72条は、権利保護をもその対象としている憲法第32条の権利保護の保障および裁判をうける権利の保障を整備する前記の規定と同様に、法治国原則および場合によってはその事件にかかわりのある基本権からの帰結として、次のことを確実にするものである。

利害関係人が実効的権利保護の可能性をもたないままに、負担的行政行為の不可争力の発生前に既成事実が作られず、かつ権利が侵害されることのないように、確実にしようとするものである。

同時に、第72条、第73条および第121条は、——その範囲においても——行政行為による終局的規制をなしうる（行政庁への）授権の枠内においてその行政庁に原則として与えられている、仮の措置命令をなしうる一般的権限と一緒になって、一時的な満足機能を果たしている。

憲法の視点から、この規定と原則を解釈し適用するに当たり、憲法第32条およびその事件にかかわりのある基本権が斟酌されなければならないのみならず、当該、最終的には憲法から、場合によっては公の課題を履行すべき行政庁の実効的行為の必要性から、そして公共の福祉を保障すべき必要性から根拠づけられる公の利益もまた、斟酌されなければならない。

憲法第32条による実効的な仮の権利保護の要請は、第72条第5項および第73条第3項の解釈に当たり、次の内容の裁判所による予防的命令をも必要とする。すなわち、裁判所は、行政庁が特定の行政行為を第2項第4号により即時執行を宣言してはならないことを確認する、という内容である。

逆に、優越的な公益は、行政行為の執行によって基本権が著しい態様で損なわれるときでさえ、公衆の福祉のために執行停止できない措置を軌道にのせるため、基本権の担い手の権利保護請求権を一時的に後退させることを、例外的に正当化することもありうる。それゆえ、第2項において、執行停止効力を排除する権能が行政庁に認められている。不服申立前置手続が行われる場合、行政行為を発給した行政庁ではなく、不服申立てを決定する権限を有する行政庁、つまり原則として直近上級行政庁にこの権限は認められている。これにより、第1項の本則規定を過大評価して行政行為の発給と同時にすぐさま型通りに執行停止効力を排除することは、阻止されるべきである。もちろん、このような危険性は必ずしも完全に除去できない。なぜなら、第66条によれば、多くの場合に不服審査裁決の権限を有する行政庁は、行政行為を発給した行政庁またはその直近上級庁と同一だからである。

即時執行を求める公益が個別具体の場合に執行停止効力を求める私益よりも実際に優越する場合に限って、即時執行を命令することができる。

租税法を考慮すると、執行停止効力は公租公課および費用について、予定されていない。

遅滞する危険のある場合、いかなる引き延ばしも許さないという非常措置を講じることが必要であることもある。したがって、第5項において、きわめて狭く限定された事案につき、行

第2部　提案理由

政行為を発給した行政庁にも、執行停止効力を排除する権限が与えられている。第2項において定められている権限の亜種がここでは問題となっている。

執行停止効力による濫用をすべて排除するために、これまで通り、裁判所の本案判決を求める機会が、不利益を被った者に与えられている。生じた争訟を考慮すると、このような執行停止の申立てが取消しの訴えの提起の前に既に提起されうることおよび行政行為が既に執行ずみであるとき裁判所がその撤回を命令できることが、明らかにされなければならなかった。濫用が排除されるべきときに、執行停止効力の原状回復は、第5項の非常措置にとっても無くて済ますことができない。執行停止のできない行政措置についての必要な理解を裁判所が酌量することができるから、それによって行政の障害を懸念する必要はない。不利益を受けた者が対抗措置によって当該行政行為の後日の執行を無に帰せしめることを防止するために、執行停止効力の原状回復は担保の提供または他の適切な負担を条件としてもよい。

類似のことは、第三者〔名宛人〕を授益する行為の執行可能性につきその第三者の優越的利益がみとめられる場合に、とくにその者の側にも基本権の保障および実現化が危険にさらされている場合に、あてはまる。

執行停止効力の原状回復手続が仮の性質を有することを考慮すると、この決定に対し抗告は許されない。これによって、執行における好ましくなくかつ混乱を生じる振り子運動は回避される。あとから新しい視点が明らかになる場合には、これはいつでも裁判所に提出されうる。そのときには、必要な結論がおのずと導きだされる。

第73条〔二重効果を有する行政行為の場合の仮の権利保護〕

この条文は、負担的行政行為に対する仮の権利保護に関する第80条の一般規定を、二重効果を有する行政行為についての特別な規定によって補完している。二重効果を有する行政行為も原則として第72条に該当するということは、第72条第1項第2文から明らかになるし、その他、1人の関係人の優越的利益のため、即時執行命令に関する第72条第1項第1文第5号からもまた明らかになる。第72条第1項第2文により、不服申立または訴えの執行停止の効力もまた、二重効果のある行政行為にも妥当することが、明らかになる。第73条は、二重効果のある行政行為についても第三者たる利害関係人の権利救済が原則として執行停止効力を有しており、したがって仮の権利保護は第73条によるケースにも、第74条によるケースにおいても保障されなければならない。ただし、第121条（仮処分）の場合はそうではない。

第74条〔執行停止効果の消滅および継続〕

この規定は、行政裁判権の実務上の必要性によって正当化される。

第3章　第一審裁判所における手続

第75条〔訴えの提起〕

この条文は、第76条と共に、有効な提訴の形式要件を規定する。提訴の形式は、職権により審査さるべき訴訟要件である。被告への訴状の送達は、民事訴訟と異なり、訴えの提起に含まれない。第75条および第76条は、他の条文と一緒になって、とくに、第32条、第33条、第39条、第72条第5項、第121

条、第87条以下、第103条、第123条、第126条、第127条、第131条、第134条、第141条および第146条と共に、行政事件訴訟法においても妥当している処分権主義の表現である。原告は、その者が訴えを提起するまたは提起する意思のあることを、その訴えをもって決断し、かつその訴えによって訴訟物（第28条）を特定する。この訴訟物の特定は、裁判所および他の訴訟当事者に対し拘束力を有する。

　第75条は、第39条、第72条第5項、第7項、第73条、第121条による独立の手続における申立てにも類推適用される。

　さらに、第75条は、原則としてその他の特定の書類、すなわち、訴訟手続にとって本質的な訴訟行為を遂行するに用いられる書類にも類推適用される。とくに、裁判所に対しなされる特定の意思表示、例えば、期間徒過の回復の申立て（第52条）、本案解決の申立て（第160条第1項）、請求の拡張および訴えの変更（第87条）、訴えの取下げ（第88条）、飛躍上告の場合の相手方の同意（第136条）には、それらが口頭弁論において法定調書に作成されない限り、第75条が類推適用される。上訴の提起については、類似の規定（第124条第1項、第3項、第135条第2項、第140条第1項、第147条）がある。ただし、別段の定めがある場合を除いて、上訴の提起についても、同じ原則が適用される（第125条第1項第1文、第141条第1文）。

　その他、第75条は、請求の拡張ないし申立ての拡張並びに被告（被申立人）および訴訟参加人の特定の書類についても類推適用される。

　これに対し、第98条第2項による書面手続の同意は、電話によってもその意思を表示しうる。第82条第2項による裁判長または受命裁判官による裁判の同意についても同様である。

　第75条による要件は、出訴期間（第67条）または不変期間

(例えば第50条第2項)が定められている限りにおいて、原則としてこの期間内にみたされなければならない。

書面による権利救済の教示義務が定められたので、この教示は、いずれの機関に当該権利救済が提起されなければならないかについても、正確な記載事項も含んでいなければならない。行政裁判手続の提起が問題となっているここでは、行政行為または不服申立決定を行った行政庁への(出訴期間内での)訴え提起もまた、取消しの訴えの出訴期間を遵守しているという規定は、省略することができよう。

第76条〔訴状の内容〕

この条文は、第75条を補完している。第76条は、訴えが有効に提起されたものとみなされうるための、訴状の最少限度の内容を第1項第1文に定めている。

訴えに、係争処分または不服審査裁決を訴〔状〕の原本もしくは謄本に添付すべきという規定(第1項第2文)は、例えば管轄権の欠如により配分が当を得ているか、または訴えの不適法もしくは理由が明かであるため簡易判決が当を得ているか否かについて、即時審理を裁判所に可能にする。

第76条に定める必要要件の欠如は、訴えを不適法にする。ただし、任意規定が問題である場合を除きまたはその瑕疵が口頭弁論の終結に至るまで、もしくは不変期間の経過までの間に取り除かれる場合を除く。

第77条〔管　轄〕

この条文は、土地管轄または事物管轄のない場合における裁判所の裁判に関する独自の規定である。第77条は、第28条以下をただ準用しうると述べているにとどまる。なぜなら、第

28条以下の規定は、事件分配の管轄のみを規定しており、土地管轄および事物管轄にかかわっていないからである。第29条第2項および第3項にかかわらず、第77条第2文は、第29条第2項および第3項に準ずる事物管轄および土地管轄に関する、行政裁判所の決定は不服を申し立てることができない。

さらに、第28条第1項を引用していることから、ある事件が行政裁判権のある裁判所またはその他の裁判権のある裁判所に継続している間は、あたらしい訴えが不適法であることが、明らかになる。

また、第28条第1項の引用から、ある事件の訴訟係属後にある裁判所の土地管轄または事物管轄を根拠づける事情が変更したことについては、斟酌されないことも、明らかになる。

第78条〔略式判決〕

他の手続規定に基づき一定の不適法な事案における場合のみならず、訴えは、不適法な事案または明らかに理由のない事案ではすべて却下される。時間および費用の節約のため可能な限り早く見通しを当事者に与えるため、並びに最初から見込みのない訴訟の洪水から裁判所を保護するために、このような拡張は必要である。いうまでもなく、この不適去および「明らかな」理由の不備には厳格な基準を適用しなければならない。したがって、裁判長のみに略式判決を下す権限を与えられている。

この規定は、内容的にも実質的にも、ドイツ民事訴訟法第348条第1項およびドイツ行政裁判所法第84条にならっている。第2項により、少なくともひとつの審級において口頭弁論は保障される。専門部のある地方裁判所が略式判決で裁判をするとき、つねに口頭弁論を申立てることができる。略式判決はとりわけ、専門部のある行政裁判所の負担軽減に資する。専門

部は、略式判決の規定によって、事実の点でも法律の点でも簡単である紛争事件を簡単な手続でそして市民裁判員の協力を得ずに裁判しうる可能性を得る。

さらに、略式判決は、口頭弁論の期日の決定に至るまでに限って許容されなければならない。なぜなら、口頭弁論の期日が既に決定されている場合、略式判決が前提条件としているほどに、裁判所が不適法または理由不備を「明らか」と考えないことを、承認しなければならないからである。略式判決はあらゆる訴えの類型について許容される。

第78条は法政策的に疑問の余地がないわけではない。なぜなら、この規定はある意味では、権利保護の保障を引き下げた、第二級の手続を作りだしているからである。しかし、裁判所と市民裁判官の負担軽減もまた斟酌されなければならないであろう。

第79条〔訴状の送達〕

訴状の被告への送達は、行政事件訴訟に妥当している職権進行主義により、第47条第2項および第3項による職権により裁判長の処分に基づいて、おこなわれる。この送達は、有効な訴え提起の前提要件でもないし、また第86条による紛争事件の訴訟係属の成立もこの送達を前提要件としていない。他の当事者、とくに訴訟参加人への送達にも、訴訟参加が決定（第57条）されるや否や、第79条は準用されなければならない。

期日指定は、訴状の送達と原則として結びつく必要はない。

第79条は控訴、受理抗告、上告、抗告、再審の訴えおよびその他の権利救済の送達にも準用するし、また、原告の書類のみならず、当事者の特定の書類についても準用する。

第2部 提案理由

第80条〔職権探知主義－証拠申出－準備書面〕

弁論主義は、行政事件訴訟においても原則として妥当する処分権主義と区別される。弁論主義の支配をうけている民事訴訟は、多数の例外があるとしても、裁判にとって重要な事実の収集および提出を当事者にゆだねている。このような民事訴訟と対照的に、行政事件訴訟法では職権探知主義（第80条第1項）が妥当している。職権探知主義は、職権による事実関係の探求と解明を裁判所に課しており、そして、同時に、弁論主義を根拠とする民事訴訟法上の条文すべての適用可能性を排除している。とくに、第105条第1項第1文による裁判官の心証形成は、第80条第1項による事実関係の十分な探求をその前提とする。

職権探知主義は、同時にまた、行政の法律適合性の原則および憲法第32条による実効的権利保護の保障原則からのひとつの帰結でもある。さらに、裁判さるべき事件につき基本権がかかわっている限りにおいて、この基本権からの帰結でもある。そのうえ、証拠申出をなす権利関係に関しても、そうである。

第80条による職権探知主義は、事実の点について、裁判所の収集した証拠の結果を含め、事実の調査および評価についてのみ原則として妥当する。これに対し、適用可能な法の確認と解釈をなすべき裁判所の義務は、法治国原則、並びに憲法第76条第3項による良心および憲法と法律に対する裁判官の拘束から明らかになる。

第80条第1項は外国法の確認にも類推適用される。さらに、外国語で作成された法的記録にも類推適用される。

第81条〔口頭弁論の準備〕

手続の促進のため、承認されている諸原則とならんで、ここでは次の経験が利用されている。その経験とは、行政訴訟にお

ける和解の際に得られ、そして民事訴訟における単独裁判官の活動から得られたものである。当事者は、和解のために裁判所の合議体に呼出されなければならないことを省くことができる。

この条文は、部分的に第82条並びにとりわけ第76条第2項、第83条、第92条および第93条第2項と一緒になって、適切に準備された措置による、訴訟の迅速化および集中に資し、また場合によってはすでに口頭弁論の前における示談にも資する。裁判長または受命裁判官による口頭弁論を準備する措置は、すべての法的紛争ができる限り1回の口頭弁論で解決されうることを、確実にする。

第81条は、口頭弁論を経ない手続にも準用される。とくに第78条による略式判決手続は、当事者が第98条第2項により口頭弁論を放棄した手続および第72条第5項、第7項および第8項、第73条第3項、第121条または第39条による独立の申立て手続、さらには、第125条第1項第1文により控訴審にも準用される。しかし、上告審には準用されない（第142条）。

第82条〔準備手続における裁判〕

この条文は、第79条を補完し、そして裁判長ないし受命裁判官に対し、特定のケースについて単独で法定の裁判官としてまたは「単独裁判官」として裁判をする権限を与えている。この規定は手続をひきしめそして裁判所の負担軽減に寄与する、またこの条文は、ある意味では、行政裁判権においても単独裁判官を導入すべしとの要求との妥協でもある。

第82条は、「準備手続」への限定と誤解されがちであるけれども、口頭弁論を経ない手続にも、とくに第98条第2項による手続、第78条による略式判決の手続、第39条、第72条第5項および第7項、第73条第3項、第121条による独立の申

立て手続にも適用される。その他に、第125条第1項により控訴手続および一般に抗告手続にも適用される。しかし、第142条第2文によれば上告手続には適用されない。

単独裁判官の任命に関する第7条の要件が具備している場合において、裁判所は、その裁量により、第6条の単独裁判官の可能性を用いるか、または第1項および第3項の規定を用いるかどうかについての、選択権を有する。

第83条〔時期に遅れた攻撃防御方法の排除〕

この条文は、裁判所の負担軽減および手続の迅速化のために、一方では、第1項および第2項において事実関係の解明と裁判の準備に関する第87条の補充規定を定め、他方では第3項において時機に遅れた攻撃防御を却下する裁判所の権限を定めている。

民事訴訟法と対照的に、従前の行政事件訴訟法は、時機に遅れた攻撃防御の却下を裁判所に許す規定をおいていなかった。しかし、本条文は、今や明文でもって、一定の要件のもとで、受命裁判官または裁判長によって指定された期間の経過後にはじめて提出される証拠方法および説明を却下する裁判所の権限と、それ以上調査することなく裁判をする裁判所の権限を定めている。

この規定は、疑いもなく、手続の迅速化と裁判所の負担軽減との手段である。他方、本規定は、法政策的には問題がないわけではない。なぜなら、本規定は、行政事件訴訟においては民事訴訟とくらべてより強い（裁判の客観的正しさについての）公の利益を犠牲にすることとなるからである。

第83条は、例えば、第39条、第72条第5項、第73条第3項および第121条による独立の申立て手続にも準用される。そ

の他、第125条第1項により、原則として控訴手続および第142条第1文により上告手続並びに抗告手続にも準用される。

第84条〔訴えの請求に対する拘束〕

たとえ行政訴訟が職権進行主義により支配されるとしても、やはり、当事者による申立ての範囲内に裁判所の活動を止めておくことは、必要である。検察官の機能を引き受けることは行政専門部の任務ではなく、関係人が不服と感じる範囲で行政活動を再審査することが、行政専門部の任務である。行政裁判手続一般を開始することが当事者の役割であるのと同様に、行政裁判手続の対象を画するのも又当事者の仕事である。この原則は、たとえ明文をもって規定されていない場合であっても、従来から既に行政事件訴訟法において承認されていた。

裁判所は——訴訟物に関する当事者の処分権の帰結として——訴えの請求に拘束されている。すなわち、裁判所は、解釈により請求の趣旨全体から確認されうる訴えの申立て（第76条第1項第2文）に拘束され、そしてこの訴えの申立てが訴訟物を特定する。

第84条は、第125条第1項、第142条および第120条と一緒になって、控訴手続、上告および抗告にも準用される。さらに、訴訟手続における被告および訴訟参加人の申立て、並びに第120条により独立の決定手続における申立てにも一般的に準用される。

第85条〔反　訴〕

この条文は、被告（訴訟参加人を含まない。）が、訴訟経済の理由からそして場合によっては裁判所の土地管轄に関する条文

に違反して、その者が被告である同一の訴訟手続において、独立の（訴訟上の）反対請求を原告に対し主張することのできるようにする目的に、資する。第85条は、反訴について、ひとつの訴訟要件をあげている。しかし、原則として——少なくとも通例——反訴は主たる訴えの原告に対しても提起されなければならず、または同時に原告に対して提起されなければならない。第85条は、例えば第72条第5項、第73条第3項および第121条による独立の申立て手続に類推適用される。これに対し、第39条による手続には適用されない。

反訴は、固有の請求の趣旨を有する真正の訴えである。本訴の請求がたんに否認されるときには、反訴はない。なぜなら、反訴は、概念上、本訴と比較して独立の訴訟物を前提としているからである。

これに対し、本訴をもって主張された請求権が存在しないことの確認を求める確認の反訴は、適法である。また反訴に対する反訴並びに予備的反訴も適法である。

反訴によってもうひとつの請求の趣旨がその訴訟のなかに取り込まれるので、反訴の提起はつねに同時に訴えの変更をも意味する。したがって、訴えの変更のためには、第85条の要件に加えて、第87条の要件がみたされなければならない。

第1項は、文字通り民事訴訟法第33条第1項に相当する。法的関連性が反訴一般の適法要件であるのか、または単に特別裁判籍の前提要件であるのかについての民事訴訟法における広まっている争いは、この規定が第2編第3章に設けられたことにより、第1の見解が支持され決着している。

取消の訴えおよび義務づけの訴えの場合には、反訴は不適法である（第2項）。取消の訴えと義務づけの訴えは、補充関係を前提としており、本質的に反訴ではない。第2項の理由は次の

点にみとめられる。この場合にはその必要性は存在しない。なぜなら、行政庁はみずから行政行為によって規律することができるからである。その他、第39条による手続においても反訴は不適法である。これに対し、第42条第1項による手続においては反訴は適法である。

第86条〔訴訟係属〕

この規定は、訴えの提起の効果として紛争事件の訴訟係属を規定している。事件の訴訟係属の最重要な効果、すなわち同一の事件について、つまり同一の訴訟物に関してあらたな(もうひとつの)訴えの不適法、並びに事件分配の管轄の続行および事物管轄と土地管轄の続行は、第86条ではなく、第28条第1項第2文ないし第1文で規定されている。

第87条〔訴えの変更〕

この条文は、民事訴訟法第143条と同様に、訴訟経済のために、適法に提起された訴えの事後的変更を一定の範囲で許している。けだし、当事者にそれ以外の訴訟の遂行およびすでにおこなった証拠調べを繰り返すことを節約するためである。同時に、本条は、訴訟物の恣意的変更から、その他の訴訟当事者を保護することにも資する。

その他の当事者が訴えの変更に同意する場合、また裁判所が〔訴えの変更〕を事物に即して有用であると思量する場合にのみ、訴えの変更は適法である。

訴えの変更が一般的に存するか否かの問題は、民事訴訟法第268条に従い判断される。第3項は民事訴訟法第279条に相当する。

本条は、控訴および抗告にも準用される。その他、独立の申

第2部 提案理由

立て手続にも準用される。

第88条〔訴えの取下げ〕

判決によるほか、訴訟は、訴えの取下げ（第88条）、上訴の取下げ、本案解決についての全会一致での意思表示（第160条第2項）によってまたは裁判上の和解（第103条）によって終了することができる。

第88条は、当事者による手続の終了の（前記のその他の）可能性と同様に、訴訟についての当事者の処分権から派生する規定である（処分権主義）。第1項第2文は、手続がすでに相当に進んでいる場合に、訴訟物についての原告の恣意的な処分から、他の訴訟当事者を保護することに資する。

一方的な訴えの取下げに関しては、口頭弁論における申立ての提起が最終期日として規定されている。訴えの取下げに関しては何らかの制限が必要である。被告が事件に関して既に弁論を行った場合は、被告はまた1つの裁判を無理にでも自由に追行することができるものとする。弁論が進むにつれ、原告の敗訴が既に明確に認識できる場合であっても、原告は、被告の同意を得ずにはもはや棄却判決を回避することもできないのである。従来、最終期日を実務上確認することが、きわめて難しいことが頻繁にあった。それゆえ、草案においては、申立ての提起の時点をその判断の基礎にしている。なぜなら、口頭弁論における申立時は、通例容易に確認することができるからである。訴えの一方的取下げは、被告もまた取下げの申請を提起したとき、はじめて排除される。

第88条は、――第1項第2文による他の当事者の同意を要件とせずに――略式判決手続における第78条第2項第1号、第3号および第4号による口頭弁論を求める申立ての取下げに

関しても、または、訴訟参加人の申立て（第57条）の取下げに準用される。その他、第1項第2文をみたさないとしても、独立の決定手続についても、とくに第72条第5項ないし第7項、第73条第3項および第121条による申立て、並びに第39条による申立てについても準用される。

原則として、訴えの取下げの撤回もまた許される。この撤回には被告の承諾を必要としないが、他方で、第67条による出訴期間がまだ徒過していないことを前提とする。

訴えの取下げは、手続を直接に終了し、そして原則として提訴の時に遡って消滅させるので、その結果、その法的紛争は第171条を経由して民事訴訟法第262条第1項により初めから係属していなかったものとみなされ、そして訴訟係属の効力（第86条）は遡効して再び消滅する。したがって、原告は、あたかも訴えを提起しなかったかのように、みなされなければならない。訴訟（場合によっては原審を含む。）においては、すでになされた裁判（まだ既判力の生じていない判決を含む。）は効力をなくすこととなる。その間に出訴期間が徒過したときには、係争の行政行為は、不可争力を生じる。その限りにおいて、裁判所の中止決定（第3項）は、宣言的意味をもつにすぎない。同様に、上訴審における訴えの取下げの場合、第88条第3項、第171条、民事訴訟法第262条第1項により決定でなされる確認もまた、宣言的意義を有するにすぎない。すなわち、すでになされた判決は、効力をなくすこととなる。

第89条〔手続の併合または分離、関連請求〕

この条文は、訴訟手続を合目的な形態にするため、訴訟経済に質するため、そして両立しない裁判を防止するため、裁判所の裁量により、訴訟指揮に関する措置（これは不服を申し立てる

ことができない。第146条第2項）で、係属中の手続を併合または分離する権能を裁判所に与えている。このようにして、同条文は、請求の趣旨の併合に関する、第34条、第56条または第85条により原告の考えうる意思決定を補完しまたは是正する権能を裁判所に与えている。併合するに当たっては、係争処分に係る取消の訴えがその他の請求、関連請求を吸収合併する。

第90条〔モデル手続〕

この条文は、いわゆる多数当事者手続について第48条、第57条第3項、第60条を補完して、いわゆるモデル手続として単一または複数の手続を選定する裁判所の権限を定め、そして単純化された条件のもとでモデル手続で獲得された法的認識を斟酌して、モデル手続の終結後に、その他の訴訟手続を裁判する裁判所の権限を定めている。その際、迅速化と簡素化はとりわけ、次の証拠調べの繰り返しの不要に資する。すなわち、モデル手続について既判力をもって裁判がなされたとき、裁判所はその他の、さしあたって中断されていた訴訟手続について、第2項に基づき（モデル手続で実施された）証拠調べを繰り返す必要がなく、一定の要件のもとではさらにあらたな証拠調べの実施を思いとどまることができるうえ、一定の前提要件のもとでは本案につき決定で裁判をすることができる。かくして、第90条は、第89条によるルールにより認められている（各訴訟手続を）分離し先取りして裁判をなす権能を、第78条による略式判決の要素と結びつけている。

第91条〔手続の中断〕

特別な場合における訴訟手続の中断、中止および承継に関する民事訴訟法の条文（民事訴訟法第124条ないし第132条）は、

第 171 条を経由して、行政事件訴訟にも妥当する。ただし、その民事訴訟法の関係規定が、行政訴訟における本質に、とくに職権探知主義に反する場合を除く。第 91 条第 1 文は、別訴裁判の先取りを理由とする中断のみを規定している。本条の目的は、ある案件につき第 1 次的に管轄権のある裁判所または行政庁の裁判の結果を待期することによって、矛盾する裁判の危険および場合によっては第 153 条、民事訴訟法第 338 条第 1 項第 8 号による再審の訴えの危険性を回避する権能を、裁判所に与えることである。

　第 81 条第 1 項第 2 文第 7 号と関連している第 91 条第 2 文の目的は、手続の集中である。すなわち、例えばある行政行為が手続上の瑕疵または形式上の瑕疵を理由としてのみ取消され、そしてこの後その瑕疵を治癒してあらたに発給され、そしてようやくはじめて第 2 の訴訟手続においてその実体法上の適法性につき審査をうける、といったことは避けられるべきである。

第 92 条〔本人出頭〕

　この条文は、裁判所（すなわち合議体または単独裁判官）に対し、次の命令をする権能を与えている。裁判所は、（第 146 条第 2 項により独立して不服を申立てることのできない）決定で、手続の迅速化（集中審理主義）および事実関係の解明のためまたは法的紛争の示談のため、口頭弁論または別な期日に当事者の本人出頭を命令する権能を有する。在廷だけが命じられ、そして場合によっては第 2 文および第 3 文により強制されるのであって、その者が事件や個々の問題について説明することまでもが命じられ、強制されるわけではない。第 95 条は、当事者の尋問による証拠調べの法的根拠にならない。このためには、第 93 条による形式的証拠手続の実施が、必要となる。第 81 条第

1項第2文第5号により、裁判長または受命裁判官は、口頭弁論において、第92条の準用にかかる権限（裁判権を含む。）を有する。

　本人出頭を当事者に命令する権限は、当事者の訴訟上の協力義務に対応しており、そして、特に職権探知主義にもまた対応している。それゆえ、当事者は、代理人を送り込む自由は認められていない。当事者が実際に訴訟手続に関与する意思があるか否かは、問題とならない。

第93条〔直接の証拠調べ〕

　第93条は、証拠調べの直接主義と――第98条と一緒になって――口頭主義を規定している。この目的のために第1項は次のことを命じている。すなわち、証拠は原則として口頭弁論において収集されなければならない。その際、当事者（第55条）は在廷していることができ、かつ、これについて意見を述べることができ、そして裁判所のすべての構成員もまた（第6条第3項、第8条第3項）、かれらが直接本人の印象に基づいて、証拠調べについて判断することができる。自由な証拠評価の原則および証拠調べの直接性の原則によれば、証拠調べの判断に関与するすべての裁判官の個人的知覚に基づいていること、または記録に留められていることのみを裁判所がその裁判に当たり斟酌しうる。これについて当事者は意見を述べる機会をもっている。

第94条〔証拠収集の当事者開示〕

　当該規定は――とくに当事者の聴聞権の保障のため、同時にしかしまた事実関係のより良い解明のためにも――証拠収集の当事者開示および証拠調べの口頭主義を定めている。ただし、

当事者開示は当事者の発問権に関連している（その他、口頭主義の必要性は第93条第1項第1文から明らかになる。）。それ故、訴訟当事者を排除して、正規の証拠収集手続の外でめざされる事実関係の探求は、残されないであろう。

第95条〔証拠調べ〕

各個の証拠方法に関しておよび証拠調べの実施に関して、原則として、第95条で引用された民事訴訟法の条文が適用される。民事訴訟法上の証拠法と異なるルールが、とくに、行政事件訴訟法において（民事訴訟法に相反して）妥当している職権探知主義（第80条）によって、明らかになる。

第96条〔行政庁の文書提出義務および情報提供義務〕

この条文は、事実関係の包括的な解明のためおよび——第97条との関連において——訴訟当事者（第55条）に次の機会を与えるために、記録その他の文書の提出すべき行政庁の義務および情報の提供すべき行政庁の義務を定めており、そして同時に、より高い価値のある公共財または権利の保護のため、とくに第三者の基本権の保護のために必要な事項について例外を定めている。

文書が裁判所に提出されない限り、または当事者の閲覧が認められない限り、その文書は、裁判の対象にすることはできない（第105条第2項を参照）。

訴訟当事者があらゆる出来事（経過）について知識をえ、そして訴訟においてその者の主張・提出したことを判断の基礎とする機会が、与えられる。この条文は、裁判所に対して行政共助すべき行政庁の義務を具体化している（第9条）。第96条は、法治国原則のひとつの帰結であり、とくにまた職権探知主義か

らの帰結のひとつである。さらに、次のような憲法上の原則からの帰結でもある。すなわち、司法権は、いかなる証拠方法がある事実関係の解明のために必要であるかについて、他の国家機関の影響力行使から、自由でありうる（べき）である、という原則である。第96条は、職務担当者の供述義務およびこれに必要な供述許可にも類推適用される。

第96条による行政庁の義務づけは、裁判所に提出された記録その他の文書および提供された情報を訴訟手続の対象になるべき裁判所の義務、そしてその裁判に当たりこれらを使用すべき裁判所の義務に対応している。裁判所に提出される行政庁の文書等は、行政庁が明示的にそれを要求しない限りは、特別な扱いを受けない。それゆえ、行政庁の特別な同意を必要とすることなく、これらの文書は関係人の閲覧に供され得る。

提出義務は、原則として、すべての記録その他の文書に及んでおり——行政庁の保有する鑑定書をもその対象としている。ただし、それらの内容が、裁判所による包括的な事実解明および当事者の係属訴訟の遂行にとっての基礎資料の獲得に役立ちうるものに限る。この場合において、いずれの行政庁にその記録その他の文書があるか、またはいずれの行政庁から、その文書等が、最初にその事件を扱った行政庁によって取り寄せられたかは、問わない。

これに含まれないものに、係属中の訴訟それ自体において副産物として生じた行政文書（訴訟代理人との通信、訴訟戦術の覚え書等を含む。）がある。かって終結した別訴においてその事件について副産物として生じた文書については、事情を異にする。

当事者の一人を聴取した行政庁またはみずから当事者である行政庁（第70条第1項第2号）が義務を負っているのみならず、国、地方公共団体その他公法上の権利主体の行政庁すべてもま

た、当事者との立場を問わず、義務を負っている。この規定の目的に照らし、この提出義務は、第三セクターにも、そして私法により（例えば株式会社、有限会社として）組織された権利主体（で、その持分またはその他の知的財産権が過半数以上行政機関にあるかまたは行政機関によって支配されているもの）の機関にも妥当する。

　文書等の提出義務は、裁判所の当該要求を前提とする。しかし、裁判所は、提出すべき文書を個別具体的に特定する必要はない。たとえば、特定のケースに関係する文書の請求で十分である。いずれの記録、文書または情報が提出されなければならないかについての判断は、第1項第2文を除いて、第80条第1項の枠内において、裁判所の裁量である。行政庁でなく、裁判所のみが、第80条第1項により、いずれの記録、文書または情報がその裁判にとって重要でありうるかについて、判断することができる。文書等がある訴訟手続に属するかどうかの問題については、形式的表面的な関連性は重要でなく、内容が重要である。すなわち、その内容が係属中の事件と具体的関連をもっているかどうかが、重要である。

　文書提出義務ないし情報提供義務の例外は、係属中の事件との具体的関連のない事項、ならびに第1項第2文にいう秘密事項だけである。

　第96条に基づく義務の履行は、強制することができない。

　裁判所による真理の発見を求める公益と特定の事実についての秘密保持を求める公益とは、——特に国家安寧という理由から——、利益相反する可能性がありうる。秘密保持の要件に関する判断を裁判所にゆだねるべきとする要求が時折起きるが、このような要求は、秘密保持の問題を正当に評価していない。一方で、裁判所にさえ提出できない事柄も存在し得るし、他方

で、政治的判断がしばしば問題だからである。それゆえ、秘密保持の必要性に関する判断は、行政庁にゆだねざるを得い。ただし、できるだけ濫用を排除するために、最上級の監督行政庁が判断すべきである。利害の衝突を回避するため、最上級の国の行政庁または地方公共団体の行政庁の固有文書等が問題である場合は、閣議決定が必要である。

しかし、裁判所は行政庁の不当な拒絶を原則として証拠評価に当たり斟酌できるし、また斟酌しなければならない（第105条）。もっとも、文書提出が正当に拒絶された場合にも、証拠評価の問題は提起される。その場合、裁判所は、行政庁によって主張されて、守秘されている事項を、厳格な前提要件の下でのみ国民の不利に評価しうる。

他の裁判所で保管されている裁判記録の提出については、第96条は適用されない。しかし、ここでは原則として、第9条による行政共助の原則から直接に類似の義務が明らかになる。

現在公職に就いている者または過去に公職に就いていた者を尋問することに関しては、民事訴訟法第220条4号かっこ書の原則に反してはならないものとする。

第97条〔記録の閲覧〕

記録閲覧請求権は、行政事件訴訟法に基づく訴訟手続における当事者開示主義の本質的部分であり、そしてとくに聴聞権の実現および当事者の「武器対等」の実現に資する。

同時に、記録閲覧請求権は、当事者に裁判所の真実発見に実効的に協力することを可能にしている。第97条は、裁判所固有の記録および裁判所によって取り寄せられ（第96条）記録に対する記録閲覧にのみかかわっている。記録の取り寄せを求める請求権は、第97条から明らかにならず、また間接的にも生

じない。しかしながら、記録内容の知識が裁判所の裁判にとって有意義である範囲に限り、文書取寄請求権は、場合によっては第80条第1項から明らかになる。あるいは、さもなければ聴聞権が侵害される場合には、文書取寄請求権は憲法第32条から明らかになる。

裁判所に提出された記録がすべて関係人に対しても開示されることをここでは明らかにしている。

第98条〔口頭弁論主義〕

行政事件訴訟法は、口頭主義およびこれと結びついた直接主義（第93条）から出発しており、それゆえ次のことを定めている。すなわち、裁判は原則として口頭弁論に基づいてのみおこないうる。口頭主義ないし口頭弁論主義は、また憲法第32条による訴訟手続の公開主義に対応している。第98条は控訴手続および上告手続にも妥当する。

法律に別段の定めがある場合または例外の場合を除いて、必要な事前の口頭弁論を経ない裁判は、当事者の聴聞請求権をも侵害しており、また、第134条第2項第4号、第139条第3号、第153条第1項、民事訴訟法第338条第1項第3号にいう本質的な手続上の瑕疵である。

黙示の放棄により口頭弁論を開かない裁判は、規定されていない。なぜならば、その規定は、実務上何の意義も持たないからである。

第99条〔呼 出〕

この条文は、適正な手続の必要性を考慮して、当時者が口頭弁論について十分準備できるよう保障するため、とくに法律上の聴聞（聴聞権）を保障するため、当事者の呼出に関する最低

要件および弁論開催地の指定に関する最低要件を定めている。その他、口頭弁論期日の指定については、民事訴訟法第93条第1項が適用され、しかし第99条第2項によりほどなくの期日指定の義務はない。期日の取消し、期日の変更および合意には民事訴訟法第93条第3項を適用する。期日の指定は、裁判長の仕事である。

しかし、特に緊急を要する場合については、応訴期間を短縮する規定が定められなければならなかった。

第2項は、従来の規定に相当する。当事者は、遠方に滞在するという理由で手続を休止させることはできない。他方、欠席手続もまた行えない。なぜならば、欠席手続は、当事者主義と相いれないからである。

第100条〔口頭弁論の進行〕

民事訴訟法によると同様、行政事件訴訟法によっても、口頭弁論の進行についての責任、とくに手続の秩序づけ、合目的性および迅速化（訴訟指揮）の配慮は、原則として、裁判所に課されている。とりわけ裁判長は、口頭弁論の進行にとって、そしてとくに合目的的なスムーズな実施につき責任を負っている。しかし、当事者（第55条）もまた、手続の運営に関して一定の権利義務を有するし（例えば、第80条第2項）、また、裁判所の任務を容易にする促進義務協力義務もまた一定の範囲で負っている。

詳細には、口頭弁論の進行は、第100条から第102条まで、第105条第2項において並びにこれを補充して第171条を経由して民事訴訟法第148条第2項において規定されている。本条項に別段の定めがない限り、裁判長は、第1項により弁論を指揮する権限に基づいて裁判をする。

裁判長は、討議すべき諸問題の順序をも確定し、そして当事者に対し証拠申出、陳述のあとまわしなどを求めることができる。裁判所または裁判長の裁判は、それが訴訟指揮にかかる処分である限り、取消請求できない（第146条第2項）。

第101条〔紛争事件の討議〕

この条文は、裁判にとって決定的に重要な事実関係の確認と解明のための手続並びに口頭弁論における当事者の聴聞権の保障のための手続を規定している。さらに、同条は、裁判所が事実関係についての未解決な問題および適用法について当事者と討論することを規定している。本条は、重要な事実上または法律点の観点が確実に見落とされないこと、そして当事者がその判断にとって重要な問題について質問を発する機会、そして場合によっては陳述する機会を確実にもてること、をその目的とする。

第101条は、裁判所の不意打ち裁判から当事者を保護することに資する。その限りにおいて、本条は第80条第3項をも補完している。同時に、本条は、社会的法治国において権利保護を求める国民のために裁判所に課された配慮義務を表現している。

第101条による裁判所の討議義務は、各個の当事者または当事者全員が正規の呼出にもかかわらず口頭弁論に出頭しないときにも、口頭弁論を実施し、そしてこれによって、その紛争事件を当事者と討議する権能を裁判所の側で履行するということを、排除するものではない。

第102条〔口頭弁論調書〕

第102条は、民事訴訟法の関係規定の準用を命じているにと

どまるので、行政事件訴訟の特殊性のため民訴の例と異なるかどうかが、審理されなければならない。

第103条〔和 解〕

裁判上の和解を許容することは、それ自体、職権主義を打ち破ることを意味する。しかしながら、当事者が訴訟物を自由に処分することができる限りにおいて、訴訟経済の理由および心理的理由からもまた、裁判上の和解を断念することはできない。

本条は、裁判所または受託裁判官もしくは受命裁判官のもとで調った和解（いわゆる訴訟和解）を規律している。判決、訴えの取下げ、本案の解決宣言のほか、手続は裁判上の和解の締結によっても、終了することができる。第103条は、その限りにおいて、処分権主義の表現である。

本条により、とりわけ、訴訟対象でなかった請求権をも和解のなかに確実に取り込むことができ、かつ他方で、当事者の処分権にとって和解の内容が重要であって、訴えの対象は重要でないことが、明らかにされた。さらに、裁判上の和解が裁判所の書面による和解案の受諾によっても、したがって議定書がなくても成立しうることが、明らかにされている。

裁判上の和解の締結による手続の終了は、上訴審においてもなお可能である。上訴審での裁判上の和解は、訴えの取下げの場合と同様に、すでに下級審でなされた判決を無効にしてしまうこととなる。

第103条は、例えば、第72条第5項、第73条第3項、第121条または第39条による、独立の決定手続にも準用される。訴訟上の和解は、当事者双方による契約である。この和解契約によって当事者は互譲により、かれらの間に存する法的紛争を終了させる。和解は訴訟物の一部分に限定することもできる

第3編 手　続

(いわゆる一部和解)。その場合には、残りの部分に関する訴えは、係属しており、その限りにおいて判決による裁判を必要とする。

　裁判外の和解と対照的に、裁判上の和解は直接に手続を終了させる。裁判外の和解では当事者は手続を終了させる意思表示をしなければならない。

　　　　第4章　判決およびその他の裁判

第104条〔終局判決〕から**第106条**〔中間判決〕に関して
　本規定は、定評のある一般に有効な手続諸原則を再録している。

第104条〔終結判決〕
　裁判所は、法律に別段の定めがない限りまたはこれを許している限り、第104条により、係属中の法的紛争を原則として判決によって裁判する義務を負う。

　当事者はこれをもとめる請求権を有する。しかし、法的紛争を即時に裁判すべき義務、または法的紛争が裁判をするのに熟するとただちに、裁判をなすべき義務を、この条文は定めていない。本条は裁判の形式だけを規定している。しかし、できるだけ短期間での裁判を求める請求権は法治国の原則から明らかになる。

第105条〔自由心証主義〕
　この条文は、裁判所の裁判の基礎を定めており、そして第98条と一緒になって、この裁判にとって決定的に重要な訴訟資料を、口頭弁論手続または書面手続の対象であった事実およ

183

び証拠結果で、当事者が聴聞権を行使したものに限定している。その他、本条は、第1項において、自由心証主義を定めている。裁判に関与するすべての裁判官が引用に係る記録の内容について十分な知識をもっていなければならないことは、間接的に第105条および第110条からも導きだされる。

さらに、そのすべての裁判官は、その審理にどの部分についてであれ、処理してゆくことのできる肉体的精神的状態になければならないこともまた、第105条および第110条から導きだされる。

第105条は、第2項のみならず第1項において当事者の聴聞権の保障、およびその事件にかかわりのある基本権が問題である限りでは、この基本権の保障にも資している。

第106条〔中間判決〕

訴えの適法性に関して中間判決によって特に言及することは必要である。なぜならば、行政事件訴訟については、中間判決の適法性を全ての訴訟要件に、特に期間の遵守に拡大することが、とりわけ取消の訴えや義務づけの訴えに関して必要である。

この条文は、訴えの適法性が争われているケースでは、または疑いの余地のあるケースでは、まず（第123条、第132条により独立して上訴をもって攻撃することのできる）中間判決によってあらかじめこの問題について裁判をする権能を、裁判所に与えている。ただし、この条文の適用対象は、事件分配の適法性並びに土地管轄および事物管轄に及んでいない。そのような中間判決の目的はとりわけ、次の点にある。すなわち、中間判決によって当該訴えの適法性に関する問題に対する既判力のある意思表示が確定することとなる点にある。

訴えの適法性についてのほかに、中間判決は、控訴または上

告の適法性についても可能である。これと類似した中間決定が、独立の決定手続における申立ておよび抗告の適法性についても可能である。

　第109条は訴えの変更の適法性の問題にも類推適用しうる。とくに当事者の交替による訴えの変更および訴えの取下げの効力についても類推適用しうる。

　第106条第2項による中間判決は、第171条、民事訴訟法第245条第1文によるいわゆる非独立的中間判決および第106条第1項によるその他の中間判決並びに第109条による原因に関する中間判決（原因判決。参照、この法律の第109条、民事訴訟法第245条第2文）および第107条による事情判決と区別されなければならない。

第107条〔事情判決〕

　この条文は、事情判決を規律する。

第108条〔一部判決〕から第109条〔原因判決〕までに関して

　民事訴訟法におけると同様に、判決は本案判決であるか、または訴訟判決である。内容の観点からみると、給付判決（義務づけ判決）、形成判決および確認判決が区別されなければならないし、訴訟状態の観点からみると、終局判決、中間判決および留保判決が区別されなければならない。第106条において中間判決の例が特に言及されているが、これは他の中間判決の適法性を否定するものではない。同様に、言及されていないことから、例えば、留保判決が許容されていないことが表現されているわけではない。どの程度まで民事訴訟におけるこれらの可能性を行政訴訟のために借用することができるかの問題は、裁判例にゆだねられている。訴訟物に関する処分権の欠如という実

体法上の理由から、放棄判決および認諾判決自体が本来不可能である場合には、同様のことが放棄判決および認諾判決に当てはまる。

第108条〔一部判決〕

一部判決は、特に給付の訴えにとって重要である。一部判決の適法性に対する疑いをすべて排除するため、一部判決が明文で言及されている。

この条文は、訴訟物が分割可能である場合に、裁判をするのに熟した部分ついてあらかじめ裁判する権能を裁判所に与えている。これにより、その限りにおいてその法的紛争を軽減し、そしてこの部分に関して当事者（単純共同訴訟の場合には各個の当事者）にいちはやくその者の権利を救済することができる。

訴えの請求のなかのたんなる各要素についての一部判決は、不適法である。

第108条は、抗告手続および上告手続にも適用され、同様に、決定手続（第118条）にも類推適用される。

第109条〔原因判決〕

この条文は、給付の訴えの場合において、原因と金額が争われているケースについて、まず「訴訟経済的合目的性」の理由から、判決によって原因についてのみ裁判をする権能を裁判所に与えている。すなわち、主張にかかる訴訟上の請求権が一般的に――いわゆる「金額手続」におけるその金額の多寡の審査を留保するとして、――それ自体として肯定されているかどうかについて裁判する権能がここでの問題である。この原因判決は、第123条、第134条により独立して上訴をもって攻撃することができる。

このような原因判決は、中間判決の特別な形式であるが、その目的は、とりわけ次の点にある。すなわち、裁判所がその請求権の金額について、困難なかつ包括的な確認事項、証拠調べなどを取り扱わなければならなくなる前に、中間判決によってこの問題が既判力をもって宣言されることになりうる（とくに、また、当事者はこの原因判決に対しすでに上訴を起こす権能を有する。）。これらの確認事項および証拠調べは、上訴手続がのちにおこなわれて上訴裁判所がすでに請求権の原因を否定しているとき、場合によっては、無意味になるであろう。したがって、原因判決は合目的的である。

第109条は、控訴手続および上告にも適用される。第109条は第72条による手続には適用できない。なぜなら、この第109条は取消の訴えと密接に関連しているからである。

第110条〔判決裁判所の構成〕

この規定は、手続の口頭主義および直接主義からの派生物である。法的紛争は、証拠調べについての直接の印象にもとづいて審理され、かつ裁判されるべきである。

判決の基礎とされる弁論は、最終口頭弁論である。最終弁論と評決の間において裁判官が人事異動する場合は、口頭弁論をやり直さねばならない。このことは、弁論が長期間に及ぶ場合には、裁判所法を準用して、補充裁判官を任命することで避けられうる。裁判官1人について支障が生じた場合において、補充裁判官が当該裁判官に代わることになる。

この条文はとりわけ判決の客観的真実、正義および非日常性を担保する。同時に、本条は、当事者の聴聞権にも資する。なぜなら、このような裁判官による裁判は、当事者が「聴聞」をうけたことを前提要件としているからである。また、本条は、

法定の裁判官による判決をも保障している。

書面手続においては最終弁論は欠いている。したがって、裁判官の同一性は必要でない。

第110条違反は、上告理由(第139条第1号)および再審理由(第153条、民事訴訟法第338条第1項第1号)である。

第111条〔取消の訴えおよび義務づけの訴えの場合の判決〕

判決主文に関する規定は詳細にわたって洗練されており、そして取消の訴えの他に義務づけの訴えにも拡張されている。しかし、本規定において、判決主文を厳格に規定すべきではない。判決主文は、むしろその時々の事件ごとの特殊性に適うようにすべきである。

給付判決および確認判決の言い渡しは、特に規定されていない。なぜならば、その言渡しは訴えの性質から明らかになるからである。

裁判所が取消の訴えまたは義務づけの訴えを全部または一部認容する範囲において、この条文は、第112条および第113条と一緒になって、これら訴えについての裁判所の裁判(判決)の(考えうる)内容を、規定している。これらの関係規定は権利保護の保障を実現するのに役立っている。その対象は、行政行為の発給を求める実体法上の請求権についての訴訟上の実現である。

しかし、行政事件訴訟法は、一方で訴えの類型は何であれ訴えを棄却する判決について詳細な規定を欠いており、他方で、一般的給付の訴え(不作為の訴えを含む。)、確認の訴えおよび特別な形成の訴えに関する認容判決についても詳細な規定を欠く。この条文の欠缺を補塡するため、第171条を経由して、裁判所裁判の考えうる内容に関する民事訴訟法の条文および一般原則

が適用される。

　第1項（第1文および第3文）は、その第1文において、裁判所が（法的権利義務）の確認、形成または給付を審理しなければならず、その際に、単に行政行為の合法性のみを審理しなければならず、行政行為の合目的性、衡平性または相当性をは審理すべきではないことを明らかにしている。

　本案審理の場合においては、中立的な用語である「違法な」が選択されていることは明かである。

　ある行政行為を既に執行した行政庁が、当該行政行為の取消を言い渡す判決により、同時に〔その行政行為の〕執行を撤回すべき義務を負っている。このことは、権利保護をより強力に構築するという意義を持っている。しかし、これは、単に訴訟法上の可能性を生みだすだけで、行政庁は個別具体の場合においてこのような行政行為の執行を撤回させる実体法上の権限をどの程度まで持つかについて、学説および裁判例に広まっている論争を解決するものではない。行政庁に対し行政行為を撤回すべしとの判決を求める申立ては、実質的に、義務づけの訴えである。この義務づけの訴えは、取消の訴えに引き続かねばならないだろう。なぜならば、取消請求の認容判決が既判力を生じてはじめて、係争行政行為の執行の撤回を求める請求権が成立するからである。しかし、訴訟経済の理由から、この義務づけの訴えについて、既に取消訴訟の枠内において両者共に一緒に裁判されるものとする。

　第2項は、取消請求事件における判決は単に破棄的な性質を有するにすぎないとする原則に対する例外である。訴訟経済の理由から、裁判所は、このような場合においては行政行為を変更することができるものとする。行政行為の変更は、給付または確認を一部だけ減らすことのみに限定されるわけではなく、

単に当該給付〔額〕を別額に確定し、当該確認〔事項〕を別の種類の確認〔事項〕に切り換えることもできる。このことは、一旦取り上げられた紛争事件を抜本的に解決することを可能にするために、合目的的であると思われる。第2項は、行政裁量を裁判所の裁量に取り換えることを意味しない。それゆえ、当該行政行為に瑕疵が存する場合に限り、別額の給付あるいは別の種類の確認の判決が下される。しかし、裁判所が複数の考え得る判断の中で、別の判断をより適切なものと思量する場合は、そもそもそうした判決は下されない。

第3項は、その本質上、第1項第2文の亜種である。本規定では、行政庁に対する請求権が実体法上直接行政行為の取消から生じる場合が考えられている。

第4項においても、第1項第1文の場合と同様に、審理は合法性に限定される。

第112条〔行政庁の裁量〕

行政の裁量にある行政行為もまた、それが違法であるとき取消される。第112条はここでは第111条を補完している。第112条は、行政の裁量裁断に対する行政裁判所の裁判権限を、違法性の定義によって詳細に規定し同時に限界づけている。この条文は、行政裁判所の課題を、行政庁による一時的法律執行の課題から有意義に画することに役立ち、そしてこれにより間接的には権力分立の保障と法の支配の要請にも資している。第112条によって特に次のことが、明らかにされている。

第114条に示された限界が踰越されていない限り、合目的性の考慮および何がしかよりよいまたは事柄に則したより適切な解決方法についての問題は、裁判所の判断に服さず、したがって、係争行政行為は取消されないこととなる。これに加えて、

原告は——いずれにせよ裁判所で実行できないような——あらゆる観点から正しい裁断を求める請求権を有しておらず、その者の権利が侵害された範囲に限って、請求権を有する。

　他方、第112条は、行政手続法第5条第1項、第12条第1項とあいまって、これら審査基準および処分基準の意義を実効性あるものとするため、その基準の合理性と合目的性の説明責任を行政庁の側に課している。行政庁がその説明責任を果たし得ない場合、当該審査基準または処分基準が確立されないままに行政庁が裁量権を行使したことになる。ここでは裁量権の濫用がみられる。

　第112条は、この条文で狭く画したアスペクトの下でのみ、行政の裁量裁断をあつかっている。類似のことは、第112条の、計画策定並びに行政の判断余地を伴う不確定法概念への類推適用にもあてはまる。

　行政庁がある事件につき裁量の余地を有しているか否かそして場合によってはいずれの点について裁量の余地を有しているかまたは結局のところ、とくに（だけではないとしても）問題となっている行政行為を発給しうる（法律による）授権に関する、関係条文の解釈問題である。ある行政行為の前提要件に関して詳細な規範が欠けていることは、通常、その発給が行政庁の裁量にあるということを支持している。場合によっては、裁量裁断の必要性は、事物の本性からも明らかになることがありうる。

　第112条は、行政の法律に対する拘束からの例外を意味するのではなく、行政がその裁判の合目的性に関して裁判所のコントロールに服さないということを意味するにとどまる。この意味において、行政にとっての裁量は、行政裁判権のある専門部にとっての意義と異なっている。

　行政裁判権にとっての裁量は、第112条により行政の裁量が

その限界内にとどまっているかどうかを審査するだけである。その場合に、行政庁は審査基準および処分基準の合目性並びに合目的性を説明する責任を負っており、その責任を果たすことのできないとき、裁判所は、裁量の限界内において行政庁が瑕疵なく裁量権を行使したとは認めない（無瑕疵裁量請求権）。説明された審査基準および処分基準を行政庁の裁量判断が逸脱している場合にも、同様である。

事後審査にあたって、行政事件訴訟法第112条により予定されている限界を直視するとき、不服申立の附記理由で主張しうる合理的だと認められた解決と異なる複数の解決方法が、明らかになることがありうる。しかし、裁判所は、たとえその事件につき別な解決のしかたがより合目的的であったであろうとの心証を得たとしても、自己抑制しなければならない。

法の一般原則の表現として、第112条は、法律に別段の定めがある場合を除いて、行政の裁量にある（または行政の判断余地のある）給付、作為または不作為に関連して、通常の給付訴訟にも類推適用される。同様に、行政内部行為および法規に関して、それをなした行政庁が裁量余地または判断余地を有している場合、第38条、第39条による内部行為統制手続、規範統制手続にも準用される。その限りにおいて、しかし、特則が第72条および第121条にあてはまる。

第113条〔不服審査裁決の取消の訴え〕

この条文は、第111条および第112条を補完している。これらの条文（第111条第1項第1文を除く。）は、行政行為に瑕疵のある場合に行政裁判権の裁判だけを規定している。第113条は、行政行為に適用される諸規定の準用を、次のケースについても、定めている。すなわち、第71条第1項第2号および第2項に

基づいて、不服審査裁決が、第111条および第114条の場合のように（審査裁決が追認または更正した）原処分と一緒に取消請求されるのではなく、取消の訴えの単独対象である、そうしたケースがここでの問題である。不服審査裁決もまたひとつの行政行為である。不服審査裁決が違法であったことの確認を求める、不服審査裁決に対する継続的確認の訴えもまた、適法である。

第113条は、不服審査裁決の発給を求める義務づけの訴えにも類推適用しうる。授益的行政行為が不服審査裁決によって不当に取消されてしまい、そして今度は裁判所がその不服審査裁決を取消した場合において、その事件が裁判をするに熟しているとき、あらたな不服審査裁決を求める訴えがあれば、不服審査庁は、第113条、第111条第4項の類推により、その不服申立を棄却する義務を負う。その事件が不服審査庁の裁決に関していまだ裁決をするのに熟していない場合には、第111条第4項第2文により不服申立のあらたな裁決が宣告されなければならない。

第114条〔判決の告知と送達〕

判決は、民事訴訟法（民事訴訟法第251条、第252条、第255条）と類似して告知（第1項）または送達（第2項、第3項）によって少なくとも主たる当事者に「言い渡す」。しかしながら、その裁判が「有効」になる特定の期日を指定することは、慎重であらねばならない。

第1項は、民事訴訟法第251条第1項に密に依拠している。しかし、同項は、実際的な必要性により適切に対応するため、判決の告知まで2週間にわたる期間を認めている。全ての判決は当事者に送達しなければならない。

第2項は、判決の告知に代わる判決の送達をも認めている。判決の送達により、判決の告知が最終口頭弁論に引き続いて行われず、後の期日において行われる場合に生じるそうした訴訟上の無駄は回避されるべきである。なぜならば、経験に照らすと、当事者はこの判決の告知にほとんど出廷しないからである。

判決の言い渡しは原則として口頭弁論の終結の日にしなければならず（参照、民事訴訟法第251条）、これにより裁判の迅速化が図られる。口頭弁論はできる限り1回で済ませ、口頭弁論に先立つ準備書面手続の充実が必要となる。裁判の徒な長期化は、原告の実効的権利保護にとっても裁判所の案件処理にとっても得策ではない。

告知または送達は、上訴の提起後も、直近上級審の裁判があるまでの間、将来に向けて有効に追完することができる。第114条は、例えば、第72条第5項および第6項、第121条、第38条第6項、第39条第6項による、独立の決定手続における決定にも準用する。略式判決（第78条）は、口頭弁論を経ないでおこなわれるが、第114条第3項によりつねに送達によって言い渡される（参照、民事訴訟法第255条第1項による調書）。

第115条〔判決書の形式と内容〕

この条文は、判決の形式および第105条第1項第2文と一緒になって、必要的内容を定めている。さらに、本条は判決の作成と原本との関連において若干のその他の要件を規定している。判決は、第1項第2文によりつねに書面で作成されなければならない（たとえ告知される場合であっても）うえ、判決として表示されなければならず、そしてその裁判に関与した裁判官全員（ただし、市民裁判員を除く。）によって署名されなければならない。

第2項第4号および第5号並びに第3項は、第5項によって補完されている。第5項は、理由附記の簡素化に関する規定であり、第133条による控訴判決の理由附記、第145条第7項による上告判決の理由附記および第121条第2項による決定の理由附記をその対象としている。事実関係を陳述するにあたり書面および調書を援用することは、許容されている。しかし、法律学の教育を受けていない当事者がより良く理解するために、そのような書面および調書の援用規定は、必要最小限に利用することであるべきである。

判決は、告知される場合（第114条第1項第2文では、第47条第1項ただし書で明文により規定されているケースが問題である）でもまた、送達しなければならない。しかも、事実関係および判決理由を付記して、送達しなければならない。控訴期間は、送達と同時に初めて進行し始まる（第123条第2項）。

第115条は原則として、判決手続と決定手続の相違から別段の事情が明らかになる場合を除いて、決定にも類推適用される。例えば、第1項第2文による署名要件は決定にも適用されうる。

第116条〔判決の訂正〕

判決は告知または送達後（第114条）原則として上訴手続においてのみ変更しうる。第116条から第118条までの規定は、（裁判書の作成にあたっての裁判所のたんなる「技術的」見落としまたは裁判の「不服」だけが問題であるような）、一定のケースについて、実務上の理由から、この原則を打ち破っている。これに対し、裁判所の意思形成の正しさの問題は、ここでは除かれる。第116条から第118条までの規定は、決定（第120条）および略式判決（第78条）並びに第38条および第39条による手続においても準用される。

第2部 提案理由

　第116条、第117条、第118条による申立ての可能性が上訴の適法性を排除することはない。ただし例外的に、権利保護の必要性は、疑いもなく訂正しうる瑕疵が責問されるときに限り、欠如する。

　第116条、第117条、第120条による訂正および補充は、——第116条の場合にはさらに場合によっては上訴裁判所自身によっても——すでに上訴の提起をうけた裁判に関してもなお許される。訂正または補充されると、その上訴は、不服がなくなり不適法となることもありうる。判決の原本ではなく、正本にのみかかわる瑕疵および誤りは、第116条、第117条、第118条に該当しない。

　本規定では、民事訴訟法第257条第2項とは異なり、訂正の申し立てを却下する決定に対してもまた、抗告は受理される。

第117条〔事実の訂正を求める申立て〕

　この条文は、例えば訴訟の経過（なされた申立て、証拠調べの結果、間違ったもしくは不完全に記録された証言を含む。）に関して、第115条第2項第4号、第3項に規定する判決中の認定事実の訂正、補充または明確化を申立てにより、可能にしている。

　第117条は、第116条による訂正という簡単な方法をもちいることのできない、そうした認定事実について、すべての誤りおよび不明に適用される。また第116条と対照的に、第117条は、裁判所の間違った観念に基づく事実認定にも適用される。事実認定が事実の欄（第115条第2項第4文）でなされているか判決中のその他の箇所でなされているかは、重要でない。

　これに対し、その裁判にとって決定的に重要であった事実評価、証拠評価および法的心証すなわち裁判所の本来の意思表示は、第117条に該当しない。

第3編　手　続

第118条〔判決の補充〕

　この条文は、次の脱漏のケースについて判決（判決書を含む。）の補充を可能にしている。すなわち、裁判所が、判決主文中で裁判をしなければならなかったであろう訴訟上の請求（予備的請求を含む。）について、または、第160条第1項により職権により裁判しなければならない裁判費用について、脱漏により裁判しなかったケースが、ここで問題である。前提要件は、（費用に関するものを除いて）、問題になっている申立てがいずれにせよ判決の事実欄において言及されていることである。第118条第1項にいう費用に関する裁判は、不服申立前置手続における代理人に依頼する必要性に関する第161条第2項第2文による裁判および訴訟参加人の費用に関する第161条第3項による裁判をもさしている。

　一部判決（第108条）は、その事件のうちこれにより解決されていない残りの部分に関しては、第118条の対象ではない。

　第118条は、第120条第1項により、第72条および第121条による独立の決定にも準用される。第38条第6項および第39条第6項による決定についても同様である。

第119条〔判決の実質的既判力〕

　この条文は、行政事件訴訟法上の判決の実質的既判力を規定する。すべての訴訟法は、同一の事件についてあらたな争いは許されないことを定めている。中心点にある問題、すなわち法的紛争の同一性がいつ終わるかをめぐって、訴訟物論が展開されている。

　この条文の目的は、次のことを妨げない。すなわち、裁判所によって認定された事実から導きだされる法律効果で、判決によって裁判されたものを、のちに事実状態および法状態が変更

197

したときに、再度あらたに同一の当事者またはその承継人間において訴訟手続の対象にすることは、妨げられない。司法の重複負担、矛盾裁判の危険、これから生じる法的安定性の危殆、といった事項の阻止が、実質的既判力の目的である。

本規定は、実質的既判力のみに関係している。実質的既判力の必要要件である形式的既判力は、一般的原則から明らかになる。これによれば、その性質上独立して取消請求し得るが、しかし、個別具体の事案ではもはや権利救済を閉ざされているそうした裁判が、形式的に既判力を生じることになる。

実質的既判力についての学説は、民事訴訟において築かれている。民事訴訟において獲得された一般原則は、本質的に行政事件訴訟に転用することができる。取消の訴え（義務づけの訴え）についての特殊性が生じる限り、それに関して確固たる原則を形成し、既存の原則を強固にし発展させることは、裁判例と学説にゆだねられなければならない。行政事件訴訟においてもまた、既判力は原則として当事者間のみに効果を及ぼすのである。単に形成判決のみが、その性質上なんびとに対しても効力を及ぼす。

第120条〔決定の準用規定〕

この条文は、判決に関する条文が決定へ準用できることを規定している。第78条による略式判決は本条に該当しない。略式判決については、第78条第1項第3文に基づいて、判決に適用される規定が準用される。

第38条第6項、第39条第6項、第72条第5項、第6項、第121条、第125条第2項および第145条第1項による決定は、機能の点で判決と大幅に同一である。しかし、その他の決定は、行政事件訴訟法においては、民事訴訟と類似して、本案手続

（判決手続）とくらべ下位にある（訴訟上の性質のあるまたは例外的に実体法上の性質のある）問題についての裁判に資している。第38条第6項第1文、第39条第6項第1文、第72条第5項第7項、第73条第3項および第121条等による独立の決定手続における決定は特別な意義を有している。判決手続に関する条文が本質的にこれらの決定に適用される。

ただし、訴訟救助権を拒否する決定および執行停止を裁判する決定（現実に執行停止されることになるか否かは問わない。）については、関係人にとってそれら決定が意義を持つことを理由に、個別具体の場合においてそれら決定が上訴により取消請求しうるか否かを問わず、理由付記を義務づけることが必要であると考えられる。

狭義の決定と区別されるべきものに、訴訟指揮に関する措置（第146条第2項）並びにその他の処分および命令（例えば、呼出処分、期日指定）、その他、書記官の裁判（第97条第1項による文書閲覧に関する）がある。前記の処分および命令は、手続の技術的進行のみを規定しており、抗告をもって攻撃できない。

訴訟指揮に関する措置には、疑いのあるとき、決定の場合と同じ条文が適用される。その処分には、署名をしなければならないものもなければ、その訴訟指揮に関する措置は無効であり、その結果は、その送達もまた期日を進行させることができない。

第5章 仮処分

第121条〔仮処分命令〕

従来の行政事件訴訟法は、仮処分について排除していた。それゆえ、民事訴訟法を準用することで、仮処分が行政事件訴訟においてなんらかの態様または訴訟類型で許容されるか否かが、

第2部 提案理由

非常に議論の対象となった。このような実務でも非常に重要な問題は、解明されなければならなかった。

　仮処分は、行政事件訴訟においてもまた不可欠である。いわゆる当事者訴訟は実体法の点でも訴訟法上の点においても非常に私法上の争訟と類似した状態である。この当事者訴訟においては、特に、多くの場合に権利の実現を一般に無に帰させるべきでないとすれば、仮処分は放棄できない。私法におけるのと同様に、公法の分野においてもまた、仮の地位を規律する措置命令が必要であり得る。しかし、補充関係の枠内においてもまた、仮処分による暫定的な規律が必要であることは明らかなことである。その性質上破棄的裁判のみを結果として生みだす取消請求事件に関しては、もちろん、仮処分の機能は、第72条の規定を借用することになる。不利益行政行為が行われる場合は、当該行政行為は、不服申立てまたは取消の訴えの提起により、それに付随する執行停止効力ゆえに法律上当然に暫くの間停止される。この保護は、仮処分による保護以上に強力である。なぜならば、ここでは、裁判所の行動をもはや待つに及ばないからである。しかし、執行停止効力が行政庁により排除される場合に関しては、特別な手続が既に第81条に規定されている。訴訟法上の状態は、この場合、仮処分に関する手続よりも、不利益を受けた者に有利である。なぜならば、行政訴訟は、職権探知主義のために立証責任それ自体を規定していないにもかかわらず、しかし、当該請求が正当であるかに関して、裁判所が自らが抱く請求に関する疑いを払拭することがその当事者にできない場合は、自己に有利な裁判を申立てた者の不利に実際に影響を及ぼすことになるからである。仮処分の場合、この不利益は申立人に生じることになる。しかし、第72条第3項の手続においては、この関係は行政庁に不利な方へと逆転する。な

ぜならば、この場合は、行政庁は、自らのため、例外的要件を請求するからである。

また、概念上執行停止効力を生じえない取消請求事件、即ち特に許可申請が拒否された場合に関しても仮処分は必要ではない。取消の訴えは、ここでは、拒否の除去だけを、即ち行政庁の決定前の状態に回復させることをその目的にしている。取消請求に係る判決は中立にもどす機能を持つと言えるだろう。申立人のそれを越える目標、即ち実際に許可の獲得は、取消の訴えによるのではなく、義務づけの訴えにより追求されることになる。

これに対し、義務づけの訴えについては、仮処分の必要性がまたもや生じる。なぜならば、当事者訴訟の場合と同様に、行政庁に何らかの行為を求めるさまざまな請求権は、それがすぐに（そしてたとえ当座ものにすぎないとしても）実現されうる場合に限って、価値を持つからである。このような緊急性を要するケースについて請求権が実現する可能性は実際にも必要とされるが、このことは、権利保護からの直接の要請である。この可能性を約束していない法秩序は、単に不完全な権利保護だけを供与しているにすぎない。しかし、このことを憲法第32条は禁じている。同条項は公権力の不作為による権利侵害をもその対象としているからである。

第121条は、第72条および第73条に該当しないすべてのケースについて、行政裁判権による仮の権利保護を規定する（第5項）。第5項は、執行停止の効力と仮処分命令の制度をシームレスに相互に結びつけることによって、穴のない仮の権利保護が保障されている。内部行為統制事件（第38条）について、第38条第6項は排他的道具として仮処分命令の適法性を定めている。規範統制事件（第39条）についても、第39条第6項

は、排他的道具として仮処分命令の適法性を定めている。

　第38条および第39条に別段の定めがあり、かつ内部行為統制手続または規範統制手続の本質から別段のことが明らかになる場合を除いて、第121条の原則がこれらに適用されなければならない。

　第121条による手続は、（第72条による手続の場合と同様に）ひとつの即決の、本案につき係属している判決手続との関係では、独立の手続である。この手続には原則として、独立の手続に適用されるすべての条文および一般的法原則が適用される。

　第121条の適用対象には、第30条による行政事件の分配により管轄権の認められているケースに限定されている。しかし、一般的法思考（参照、第39条第6項）の表現として、第121条は原則として、仮の権利保護の適法性を明文でもって定めていない、その他の裁判手続にも類推適用されるが、これに対し行政手続には適用されない。

　第72条の場合と同様に、第121条は、公法上の権利主体に対する法律関係への適用が考えられる限りにおいて、権利保障の表現である第121条は、公権力の作為または不作為からの帰結としての重大かつ期待できない不利益で、本案につき後の裁判によってももはやただちに除去できないものに対する仮の権利保護をもその対象としている。　その他、とりわけ対等関係についても、第121条は一般的裁判保障請求権の表現でもある。これは、第121条の解釈と適用に当たって斟酌されなければならない。とくに基本権がその事件にかかわっている場合においてかつその限りにおいて、裁判所は、さもなければ申立人が基本権に対する相当な、受忍限度をこえる侵害（これは本案の裁判によってもはや除去されえないものである。）に迫られているとき、仮の権利保護を保障すべきである。ただし、優越的な、

特別に重大な理由が例外的にある場合は、その限りでない。第121条は、仮の権利保護を得るための前提要件が第72条の場合よりも一層厳しいにもかかわらず、第80条の必要要件で十分である。

第123条が原則として行政に対する仮措置命令を求める実体法上の請求権に、本案で請求されている請求権の存否にかかわりなく、対応していない範囲において、第121条による仮の権利保護は、純粋な訴訟法上の権利救済である。立法者が行政による仮の行政行為または類似の措置命令の発給を規定するときに限り、事情を異にする。法律に別段の規定がないとき、通常、仮処分命令の申請前でも後にも、実体法上の措置命令請求権は成立しない。複数の志願者がひとつの公務員法上の地位をめぐって競願している特別なケースについてのみ、別段のルールがはたらくであろう。

第122条〔内閣総理大臣の異議〕

第122条は、内閣総理大臣の異議制度を承継する。

第4編　上訴および再審

第1章　控　　訴

第123条の前注に関して

　行政事件訴訟法は、民事訴訟法の場合と類似して、専門部のある地方裁判所ないし高等裁判所の裁判に対する正規の上訴として、判決（第115条）が問題であるかまたは決定（第120条）が問題であるかに応じて、控訴（第123条ないし第133条）、上告（第134条ないし第145条）、抗告（第146条ないし第152条）または申立（第171条、民事訴訟法第329条第1項）を定めている。前記の上訴は、訴え（第75条）、口頭弁論を求める申立（第78条第2項第1号、第3号および第4号）、原状回復を求める申立（第52条）および再審の訴え（第153条）のような、上訴以外の、行政裁判権の手続において特別の規定により許されている権利救済とは、次の点で区別される。すなわち、上訴には移審効および遮断効をもっている、点で区別される。上訴は、攻撃をうけている裁判の既判力（第119条）の発生を妨げる（遮断効、抑止効）点、および上訴はその紛争事件上級審に移審し、そして上級審の管轄を根拠づける（移審効）点で区別される。しかも、当該攻撃された裁判の既判力の発生は、裁判のうち明らかに攻撃できる部分に関してのみならず、上訴の申立により取消請求されていない部分または不服のないためまったく取消請求することのできない部分についても、遮断する。

　その他、例外の場合に限って（第149条）、控訴、上告、抗告は、当該攻撃をうけた裁判の債務名義に関して執行停止の効力を有する。ただし、その裁判が即時執行を宣言されているか、

または第 165 条により仮執行を宣言されている場合は、その限りでない。裁判所裁判に対する上訴の遮断効および執行停止効力は、第 72 条による執行停止の効力と区別されなければならない。

第 123 条〔控訴の受理——受理理由〕

控訴は、事実の点および法律の点で高等裁判所による地方裁判所の判決の再審査をめざす、上訴である。控訴は、遮断効および移審効を有している。控訴裁判所は、第 37 条第 1 号により高等裁判所である。

高等裁判所の負担を軽減するために、控訴額の下限を規定すべきであるとする要求が時折主張されたが、そのような要求には応じられなかった。なぜならば、そのような要求は公法上の訴えの大部分が財産権以外の性質であることを適切に判断していないからである。金銭給付が問題とされるケースでさえも、利害の重点はしばしば財産権上の領域に存しない（例、罰金刑）。

本条は、一般的な受理控訴を規定する（控訴の制限）。一般的受理控訴の導入によって、控訴裁判所の負担軽減に寄与する。ひとつの事実審で通常の十分であり、そして第二の事実審は、第一審の裁判の再審査が事柄の本質よりして必要である手続においてのみ、用いられるべきである。控訴の受理に関する裁判はもっぱら高等裁判所がこれを行い、地方裁判所ではない（第 123 条第 1 項、第 124 条第 2 項第 1 文）。

控訴裁判所の負担をある程度軽減することは、裁判費用の問題だけを理由とする控訴を一般的に排除することにより達成できる。このことはがまんできることである。なぜならば、これらの場合、むしろ財産権上の利害にのみ関係しており、そして

行政裁判手続の費用は経験によれば受忍限度にとどまっているからである。

特別な受理要件による控訴の制限（受理控訴）は、平等原則が守られている限り、憲法上許され、そして、憲法第32条に違反しない。

控訴について受理の必要性は、上告審へのアクセスに関して自動的に制限をもたらすわけではなく、したがって飛躍上告を排斥しない。しかし、他方、受理控訴は、法律により控訴を禁止することを意味しない。控訴が禁止されている場合、第137条により上告は開かれている。

第63条第1項第2文および第147条第2項におけると同様に、第2項第2文の規定によれば、たとえ上訴が当該許可する権限を有する機関以外の機関に提起されるとしても、上訴期間は遵守されている。

第124条〔控訴の受理手続〕

第124条は、一方で控訴受理の手続（第1項、第2項）を、そして他方で、受理された控訴の理由書（第3項）を規定している。

第125条〔控訴手続――不受理抗告〕

この条文は、第一審の判決手続に妥当する一般規定が控訴手続（第1項）にも適用できることを規定し、そして控訴の不受理の場合の裁判（第2項）を規定している。本規定は、控訴が不適法である場合の手続を簡素化し、そして統一している。

第126条〔取下げ〕

控訴の取下げは、第88条による訴えの取下げに準じて規定

第2部 提案理由

されている。

　控訴の取下げについては、第126条に別段の定めがある場合を除いて、訴えの取下げの場合と同一のルールが適用される。

　しかし、本条は、訴えの取下げと対照的に、上訴にのみかかわっており、かつ、取下げが控訴理由書提出期間の徒過後におこなわれるとき、その判決の既判力を生じさせている。

　いったん取り下げられた控訴は、原則としてあらたに提起することができる。控訴の取下げは、上訴権の放棄をもたらさない。

　控訴のあらたな提起は、しかし、控訴に関する一般規定に従って、許されなければならない。一般規定はたしかに（附帯控訴の場合を除く。第127条）なんら控訴の提起を規定していないが、しかし、控訴の受理申立および控訴理由書提出を定めている。高等裁判所が控訴を受理した申立手続が、そのまま控訴手続として続行される場合には、控訴の提起は必要でない（第124条第2項）。しかし、これによれば、高等裁判所による受理決定（第124条第2項第1文）によって公訴の提起はその性質を転換し、そして受理申立は（受理による停止条件付で）控訴の提起として取り扱われると、その結果、あらたな公訴の提起は、第124条第1項に申立期間がまだ徒過していないときに限り、適法とされる。したがって、申立期間の徒過後は、非独立的附帯控訴（第127条第2文）はまだ許される。

第127条〔附帯控訴〕

　附帯控訴は、衡平の理由および武器対等の理由から、並びに無用な上訴を回避するために、独立して第123条、第124条により公訴を提起しない（または彼らが控訴を放棄した、申立期間または理由書提出期間を徒過したか、またはその判決により不服をうけ

ていなかったか、あるいは控訴手続において、かれらの有利となるようその請求を拡張し、反訴を提起しまたは費用裁判を変更する理由で、附帯控訴は提起できない。）。その他の当事者、さらには訴訟参加人に対し、別な当事者の控訴によって控訴裁判所に係属することとなった手続に、自らも上訴人として関与し、原審判決を自己の有利に変更するために申立てる権能を与えている。上訴人はあらゆるリスクから免れるべきではない。法的紛争をさらに続けたいとおもわない当事者は、相手方の（考えうる）上訴を考慮して、慎重に上訴を提起することを、場合によっては緊要だと考えるべきではない。

控訴裁判所は、附帯控訴によって、不利益変更の禁止（第128条）からまぬがれ、その後は附帯控訴人の有利にも裁判をすることができる。

附帯控訴は、それが控訴期間の徒過前に提起されそして当事者が控訴を放棄しなかったときは、「通常の」控訴と異ならず、狭義の上訴である（いわゆる「独立的」附帯控訴）。なお、いわゆる「非独立的」附帯控訴とは、主たる上訴人によって提起された上訴の枠内における申立であるにとどまり、事情を異にする。

第127条は、第142条により、上告にも準用され、そして一般原則に従って抗告にも準用される。

附帯控訴は、被上訴人の有利となるよう原審判決の変更をしてもらいたい意思が書面で明白かつ一義的に表現されていることを前提要件とする。控訴の却下以上のものが附帯控訴によって得られるときに限って、附帯控訴は適法である。

第128条〔審理の範囲──新たな提出〕

控訴裁判所は、控訴が適法であるとき、第2の事実審として、第2審に係属させられている紛争事件を控訴申立の枠内におい

第2部　提案理由

て（第129条）、当事者の主張に拘束されることなく、原則として、第一審の裁判所と同じ範囲にわたって、事実の点および法律の点で審査をする。その審査権は、控訴を受理（すなわち許可）する受理事由に限定されない。原告は、適法な控訴または適法な附帯控訴の枠内において、地方裁判所における手続と同様に、その者の訴えを変更することもでき（第87条）、とくに請求を拡張することもでき（第123条）、さらに被告は反訴（第85条）を提起することができる。

　控訴手続において第2文により原則としてあらたな事実および証拠方法の提出（あらたな証拠申出を含む。）もまた、許される。ただし、第129条に基づき、当事者がすでに第一審で提出できる状態にあったであろう、あらたな事実および証拠方法に関しては、事情を異にする。

　時機に遅れた攻撃防禦方法の提出によって費用が生じた場合、その費用負担は第155条第4項により分担される。その他、第一審における紛争資料は、当事者が控訴審においてその申立ておよびその主張を変更しない限り、そのまま継続して有効である。このことはとくに当事者の申立ておよび主張にあてはまる。申立ておよび主張はしたがって繰り返される必要はない。控訴申立ておよび主張についても、その他の当事者のいずれもが異議を唱えず、かつ裁判所がその引用を相当と認める限り、原審の申立てと主張を引用することができる。

　裁判所自身もまた、第一審の手続全体を、とくに証拠調べ等を繰り返す必要はない。むしろ、控訴裁判所は、従前の証拠調べの結果を、例えば鑑定人の鑑定、検証の結果等を、それらが法的に異論のない態様で成立している限り、そのまま単純に受け継ぐことができる。とくに、すでに第一審でおこなわれた証人および鑑定人の再度の尋問が必要とされるのは、控訴裁判所

が、問題となっている証人の信憑性または供述の信頼性に関して疑いをもっているとき、または控訴裁判所が第一審と異なって判断しようとするときに限られる。

第1文により、控訴手続において紛争関係は事実問題と法律問題について、全範囲にわたり新たに審理を受けるという、それ自体自明な原則が明らかにされている。しかし、その審理は、第130条により控訴申立ての範囲に限定されている。

第2文では、故意過失により攻撃防御方法の提出の遅れた場合の費用負担は、既に第155条第4項から明らかになる。

第129条〔新しい説明と証拠方法〕

この条文は、第一審において第83条第1項または第2項による催告および期日指定にかかわらず提出されなかった、そうしたあらたな説明および証拠方法の許可ないし適法性を規定している。本条は、その限りにおいて第一審における時機に遅れた攻撃防御方法の提出に関する第83条のルールを補完している。内容上第129条は民事訴訟法第157条にならっている。

第83条と同様に、第129条もまた、手続のひきしめと迅速化に資する。第129条は、第146条以下による抗告手続並びに第142条の準用による上告手続にも適用される。

第130条〔申立に対する拘束〕

この条文は、第84条のルールを控訴手続について繰り返している。本条はとくに不利益変更の禁止をその内容としている。しかし、本規定は、他方でまた、係争の判決にくらべて上訴人にとってかれの申立を越えて一層有利な裁判を禁じている。しかし、原審で勝訴した当事者の有利とする裁判所の変更権は、場合によっては、附帯控訴によって拡大される。

第2部 提案理由

第131条〔破棄差戻し〕

高等裁判所は原則として終局裁判をしなければならない。控訴が適法である場合、本案裁判は、第131条に別段の定めがある場合を除いて、判決によって、場合によっては第132条による決定によってもたされることを要する。第131条により、同条に定められた詳細な前提要件のもとでのみ、高等裁判所は、裁量により、みずから終局的な本案裁判を思いとどまり、そして係争判決を破棄してその事件を地方裁判所に差し戻すことができる。この規定は、当事者がこれにより事実審を失っていない限りにおいて、憲法上疑問の余地がない。なぜなら、ふたつの事実審を求める権利は存在しないからである。

第131条は、抗告手続にも準用されるし、また、第146条、第72条ないし第121条による手続にも準用される。

第1項の差戻事由は限定列挙されている。拡張解釈または類推適用はできない。とくに、合目的性の衡量だけでは差戻を正当化することはできない。訴えの適法性を不当に肯定した中間判決については、差戻は考えられない。なぜなら、本案は第一審に係属したままだからである。

第2項によって、第1審の裁判所が、控訴裁判所の法的見解に拘束を受けるか否かという、問題は決着をつけられたのである。

第132条〔決定による全会一致の裁判〕

この条文は、控訴を全会一致で棄却するときのみならず全会一致で認容するときにも、決定でこれをなしうることを規定している。第132条は、高等裁判所が控訴を全会一致でもって一部理由あり、そしてその他については理由なしと認める場合にも、適用することができる。同時に、第132条は、第78条の

略式判決に対する（受理された）控訴についても、適用しうる。

第132条は、高等裁判所の負担軽減のためおよび控訴手続の簡素化と迅速化を目的として、裁判官が全会一致でその控訴を理由ありまたは理由なしと認め、かつ口頭弁論を不要と思量するとき、地方裁判所における略式判決に関する第78条の場合と類似のルールを定めている。

第132条は、第125条第2項を補完している。第132条に対する憲法上の疑義、とくに口頭弁論を経ないで裁判がなされることに対する疑義は、存しない。

第133条〔引用判決〕

第133条は、係争の裁判書の事実の引用を許すことによって、高等裁判所が不必要な裁判書作成の作業を節約することができるようにしている。第133条第1文は、高等裁判所が原審判決の事実認定をすべての範囲にわたって合意するときに限り、その判決の事実（第115条第2項第4号）を引用してもよい。高等裁判所が唯一の点で事実認定を異にする場合、高等裁判所は独立してその事実を定式化しなければならない。ただし、その場合には、一般原則（第115条第3項）に基づき簡易化のため引用の可能性が定められている。引用の可能性の枠内において、特定の具体的な点に関して原審判決の事実の引用もまた許されている。しかし略式的な引用はしかし禁じられている。

第133条第2文は、控訴裁判所の判決の理由附記に関して、地方裁判所の裁判における裁判理由に関する第115条第5項と類似のルールを定めている。

第2章 上　　告

第134条〔上告の受理〕

　この条文は、上告の受理を規定する。本条は、高等裁判所の判決のみならず、第38条および第39条による内部行為統制手続および規範統制手続における高等裁判所の決定をも、上告の適用対象に含めている。

　上告は、飛躍上告（第136条）および地方裁判所の控訴禁止の場合の上告（第137条）のケースを例外として、もっぱら法律上の観点からの高等裁判所の判決の再審査をその目標とする、そうした上訴である。上告は、国民の権利保護並びに憲法と法律に対する執行権と司法権の拘束の保障のほかに、とりわけ判例の統一および判例形成の保障に資する。後者の機能は、とりわけ第2項第1号および第2号による特別な受理要件および法的統制への限定にあらわれている。これに対し、第2項第3号による手続上告の場合、——とりわけ「デュー・プロセス（due process）の意義を斟酌して——国民の権利保護並びに法律に化体されている公益と私益の実現のための、手続法の保障、および手続法の厳守のための各種裁判所の育成が、前面にある。

　自己の権利の侵害をうけたと信ずる、上告人にとっての個別具体の正義（具体的妥当性）の保障ないし復元という意味における上告の権利保護目的は、とくに、具体の法的紛争に関する（裁判さるべき）法律問題の裁判の重要性、申立ておよび不服の要件にあらわれている。

　上訴として、上告は、遮断効および審級効を有する。上告によって攻撃をうけるのは、終局判決（中間判決（第106条）、事情判決（第107条）、一部判決（第108条）、原因判決（109条）を含

む。)、第38条第5項第1文および第39条第5項第1文による決定並びに第125条第2項第2文および第132条第1文による決定、さらに飛躍上告の場合には略式判決（参照、第78条第2項第2号）である。内部行為統制手続における判決（第38条第5項第1文）および規範統制手続における判決（第39条第5項第1文）は、通常の終局判決として、一般規定に従って上告に服する。判決に対する上告は、原則として原審でなされた予備的請求をもその対象とする。

第1項

　受理裁判官が上告を受理することは、些細な事件から最高裁判所に負担を免れさせることに貢献している。

第2項

　受理裁判官は、以下に定められた規定に従い上告を受理しなければならない。

a　原則的な法律問題の解明が期待できる場合、

b　最上級の国の行政庁によって代理されている連邦、連邦の最上級の地方公共団体行政庁、上級の連邦行政庁またはこれに準ずる他の国の機関が関与する場合。

c　判決が最高裁判所または高等裁判所の判例に相反する場合。

　上告の受理要件をこのように制限することで、行政法における最重要分野における統一的な法適用を促進する可能性が、開かれることになる。

第3項から第5項

　上告不受理の抗告は、上告受理の統一的な取扱いを達成することに貢献している。

第135条〔不受理抗告〕

　この条文は、却下（「高等裁判所による上告の不受理」をここで

は「却下」と略称する。）に係る抗告を規定する（不受理抗告）。本条は、上告そのものの場合と類似して、統一的法適用の確保に資する。また、附帯抗告も適法である。ただし、独立的附帯抗告としてのみである。不受理抗告は、本案に関して移審効をもっていない。しかし、不受理抗告は受理の問題にかかわっているにすぎないにもかかわらず、不受理抗告は、第4項により、判決の既判力を妨げる。

第136条〔飛躍上告〕

　草案は、その第41条第2号および第136条において、常に上告を受理しなければならない事件が問題である場合に、飛躍上告の可能性を設けている。この規定は、審級を省略するのに貢献している。飛躍上告は、手続上の瑕疵を理由にすることができない（第138条第1項において第41条第2号に言及されていないことを参照せよ）。

　この条文は、飛躍上告を規定している。飛躍上告は、控訴審を回避して実体法の観点から地方裁判所の裁判の事後審査を直接に最高裁判所にしてもらう可能性を、当事者に与えている。ただし、事実関係のさらなる解明および事実の観点から、地方裁判所の事実認定の事後審査がその事後審査にとって問題でない場合に、限る。

　飛躍上告の適法性は、地方裁判所による受理（許可）を前提とする。この（同意を必要としない）受理は、職権によりまたは申立により、判決または決定で、おこなわれている。受理は、それがもっぱら特定の当事者に限定されている場合を除いて、すべての当事者のために効力を生じ、そしてかれらに控訴と上告とのうちからの選択の余地をあたえている。もし判決のなかで受理について裁判がなされなかった場合には、すべての当事

者——訴訟参加人を含めて——は、のちに受理を申立てることができる。このための申立ては、上告の提起をもって代えることはできない。上告の提起の期間は、第3項第2文により、飛躍上告の受理に関する裁判の送達からはじめて進行する。類似のことは、上告理由書の提出についてもあてはまる。

却下（不受理）に対しては、上訴は許されていない（第2項第3文）。当事者はこの場合においては、第124条第1項による控訴の受理を申立てる可能性のみを有する。

上告裁判所の見解によればその事件が裁判をするのに成熟していないとされる場合は、上告裁判所はまた、その他の場合（成熟しているならば）、控訴裁判所として問題になる行政裁判所に、控訴手続における審理をさせるため、その事件を差し戻すことができる（第145条第5項）。

第137条〔控訴禁止の場合の上告〕

この条文は、控訴が法律によって排除（禁止）されている場合において、上告の一般的前提要件が具備されている限り、当事者に少なくとも地方裁判所の判決に対する上告の可能性を与えている。控訴の完全な排除（禁止）の適用例は、個別の法律および条約の関係規定である。

第123条による控訴の制限は、たとえその制限が具体の場合に控訴を阻止するとしても、第137条にいう控除の禁止を意味しない。

第138条〔上告理由〕

手続規定違反は、あらゆる真正の上告手続の場合と同様に、重大な手続上の瑕疵が問題である場合に、上告理由となる。専らそのような手続上の瑕疵のみが責問されている場合、第139

条第1項に従い、上告の受理がなくとも、上告が認められている。手続の瑕疵が他の法律違反と関連して主張される場合は、上告は、上告受理が行われた場合または上告不受理に係る抗告が認容されたときに限り、可能である。

上告裁判所として、最高裁判所は——手続上の瑕疵が主張された場合を除いて——、事実問題を審理することはできない。

上告が第134条、第136条または第137条により受理されるとしても、その上告が、そのすべてのケースについて、攻撃をうけた判決の全面的な法的な事後審理に服することとなるわけではない。最高裁判所は、上告（その他の訴訟要件が具備されているとして）を認容することができるのは、次の場合に限られる。

一　係争の判決が、上告に係る法律の違反、例外的に法律の委任による条例の違反に基づいているとき。

二　事後審査が、認容を正当化する理由に関して、第138条第3項により排除されていないとき。

三　係争判決が——絶対的上告理由（第139条）が存在する場合を除いて、——第138条第1項第1号および第2号の要件が具備されているにもかかわらず、結論として、他の理由から、正当と認められないとき（第145条第4項）。

これらの前提要件の一つだけが備わっていない場合にも、上告は理由なしとして棄却されなければならない。その他の場合には、上告裁判所による判決の事後審理は、原則として、上告受理の理由に拘束されることなく、おこなわれる。

第138条第3項は、上告の適法性にかかわらず、とくに受理事由をも定めていない。

第3項は、上告の理由の存否に関する審査の枠内において、最高裁判所の審査権の範囲を規定している。この条文の適用の

ための前提要件は、したがって、つねに、受理された上告が一般的に問題であることである。第3項によれば、上告裁判所は、当該起こされた上告申立（第142条）並びに第138条第1項および第2項による制限の枠内において、当該係争の判決を原則としてすべての範囲にわたって、そして当該主張された、重要だと
考えられた上告受理理由に拘束されることなく、その合法性について、事後審査する。

　最高裁判所が、当該上告人により主張された上告理由には拘束されないとしても、当裁判所は、第130条および第142条に従い、当該申立の範囲を越えてはならない。

第139条〔絶対的上告理由〕

　この条文は、その第2項において、第1号から第6号までに列挙したいわゆる絶対的上告理由について、反証しえない推定（擬制）としている。したがって、当該違反は、それが立証されると、係争の判決にとって原因であった、という擬制が成立する。

　手続規定違反——特に第2項に列挙する手続規定違反——は、その本質上、上告を受理するに不適切であるから、ここでは——手続の促進に資する飛躍上告の場合と同様に——上告受理を強いることは断念しなければならなかった。

　挙げられている手続上の瑕疵は、民事訴訟法第312条における列挙事項に相当するが、しかし、第3号は行政訴訟の本質に従い挿入されている。

第140条〔上告期間——理由書提出期間——形式〕

　この条文は、上告の提起を規定している。上告の提起は、上

告がすでに高等裁判所によって受理されたときに限り、原則として必要である。これに対し、第135条による不受理抗告がまずおこなわれ、これを高等裁判所が容認した場合か、または最高裁判所が上告を受理した場合には、その抗告手続は第140条により上告手続として続行される。その場合には、抗告人による特別な上告提起は必要でない。むしろ、抗告人は自動的に上告人になる。その限りにおいて、最高裁判所が第135条第6項によりすでに手続上の瑕疵を理由に不受理抗告について決定でその事件を差し戻しているケースにおいてのみ、例外がはたらく。しかし、第135条第6項に該当するケースを除いて、第3項による上告理由書の必要性は、そのままであり、影響をうけない。

特別の提起が第2項により不要であるにもかかわらず、上告が提起されていない場合、その判決は既判力を生ず る。

上告手続の訴訟物、また第140条第2項により続行となる上告手続の訴訟物は、上告の請求の内容との関連において、上告申立によって、特定される。

上告および上告不受理抗告を申立てることで、原判決の既判力は阻止される。それゆえ、草案は、受理裁判官に権利救済を提起するよう要求している。上告手続の法形式が尊重される結果、最高裁判所に上訴が提起されたとしても出訴期間が遵守されたと認めることは否定されている。

第141条〔取下げ〕

上告の取下げの規定は、控訴の場合の規定（第126条）に対応している。取下げは、上告裁判所に対し意思表示しなければならない。提起された上訴は、上告の取下げがあった部分については、初めから係属していなかったものとみなされるにとど

第4編　上訴および再審

まる。したがって、取下げは、まだ上告期間が残存している間、あらたな提起を排斥しない。訴訟参加人（必要的訴訟参加の場合の訴訟参加人を含む。）の同意は、取下げについて、必要でない。

第141条は、不受理抗告にも類推適用されうる。

第142条〔上告手続〕

上告手続は、別段の定めがある場合を除いて、原則として、控訴手続と同一の規定に服する。

附帯上告もまた、第127条の準用により、許されるが、これに対し、反訴（第85条）は許されない。控訴手続に関する規定の中では、特に附帯控訴に関する規定もまた準用して適用されなければならない。

第143条〔訴えの変更・訴訟参加の不許〕

訴えの変更および訴訟参加を除外していることは、純粋な法的統制としての上告の本質に即している。これらを認めるならば、2つの事実審を無意味にするという結果になるだろう。

この条文は、上告手続の特別な性質が法律問題についての審査および解明のための手続であることに鑑み、訴えの変更（第87条）および原則として訴訟参加（第57条）を排斥している。これらは、通常、あらたな事実の確定（事実認定）を必要とするからである。

第144条〔適合要件の審査〕

この条文は、上告の特別な適法要件だけを挙げている。他方、その他の一般適法要件（第123条）は、つねに職権により斟酌されなければならない。

一般適法要件または特別な適法要件の一が欠ける場合、上告

は決定によって却下されなければならない（第145条第1項）。上告の適法要件ではない本案要件が欠けている場合、その上告は（理由なしとして）棄却されなければならない。

第145条〔上告についての裁判〕

　最高裁判所は不適法（第143条、第123条）のとき、決定で、上告を却下する。最高裁判所の裁判は、同裁判所が口頭弁論に基づいて裁判をするときにも、第145条第1項により、決定でおこなう。したがって、上告理由書提出期間が懈怠され、これに対し回復の訴えが口頭弁論に基づいて拒まれ、そして上告が許されるときにも、判決によってではなく、決定によって裁判されなければならない。例えば係争の判決が上告理由となる法律の違反に基づいてないが故に、または最高裁判所がすべての範囲にわたって再審査する権限をもたない（第138条）が故に、あるいはその判決が瑕疵もなくもしくはいずれにせよ結論において正当である（第145条第4項）が故に、上告が適法であるが、理由のない場合、裁判裁判所はその上告を判決によって棄却する。

　上告が一部不適法であり、一部理由もなく、または理由のある場合、統合して判決で裁判をすることができる。

　第3項は、訴訟経済を考慮した上で設けられている。

第3章　抗　　告

第146条〔抗告の適法性・許可抗告〕

　この条文は、抗告の適法な遂行を規定する。抗告とは、事実上のまたは法律上の観点からの、判決または略式判決（第78条）以外の裁判の再審査を、その目標とする上訴をいう。抗告

は上訴として、たとえ例外があるとしても（第147条）、遮断効および——容認手続（第148条）を除いて——移審効をも有している。さらに、抗告は、本質的には、その他の上訴と同じ規定に服している。例えば、附帯抗告、取下、不利益変更の禁止に関して、訴訟参加、本案の解決、裁判上の和解等に関する一般規定が、抗告に準用される。口頭弁論は許されるが、しかし義務でない（第98条第3項）。

訴えの手続と対照的に、抗告手続は、特定の被抗告人（実体的意味において）が存在していることを前提としていない。

第147条〔抗告の提起〕

抗告は、当該抗告の対象となる命令または裁判によって不服をうけた当事者（第55条）のいずれかによって、提起されうる。しかし、また、裁判所の命令または裁判によって不服をうけた第三者にもまた、例えば訴訟参加を求める申立てを拒否された者もまた、抗告を提起することができる。

附帯抗告もまた、独立的附帯抗告としても、適法である。

第148条〔地方裁判所による更正または高等裁判所への移送〕

地方裁判所または裁判長は、適法で理由のある抗告を更正（すなわち容認、是正）する義務を負っている。

更正は、抗告が適法でないか、しかし実質的に正当である場合にも、係争の判決が明文でもって法律によって更正できないと表示されている場合を除いて、可能である。

第148条に従い、高等裁判所に抗告を申立てるに際し、個別具体の場合ごとの必要性により良く適うように、一定の出訴期間をその判断の基礎とするのではなく、抗告を「遅滞なく」送付することを義務づけている。通常、これは出訴期間を短くす

ることを意味するだろう。しかし、特別な状況にあるケースについては、行政裁判所は、審理するに十分な機会を与えられている。

第149条〔執行停止の効力〕

この条文は、抗告の通常の場合について、執行停止の効力を排除している。その他の場合には、上訴は執行停止の効力を有している。これがそうである限りにおいて、裁判所は、抗告の提起後においても、本案の手続を続行できるし、また執行行為も許されている。係争の裁判をした裁判所または裁判長もしくは受命裁判官は、第1項第2文により、執行を一時停止でき、また場合によっては単純に略式にさしあたって当該手続の続行を思いとどまることができる。

第149条第2項は、執行停止効力について法廷侮辱罪を科すことは禁止されている。経験上、このような科罰は、即時執行できない場合、その効果の大半を失うからである。

第150条〔決定による裁判〕

抗告裁判所は、下級審が第148条により更正されなかった抗告について、決定で、裁判をする。裁判の前に当事者は聴聞をうけなければならない。抗告が不適法である場合には、これは却下されなければならず、理由のないときには棄却されなければならない。裁判所の裁量のなかにある、裁判に対する抗告については、抗告裁判所は、原審の裁判官と同じ裁判権限を有する。その限りにおいて、抗告裁判所は、裁量上の瑕疵を顧慮しての再審査に限定されるのではなく、固有の裁量裁判をなさなければならない。

認容の場合、抗告裁判所はみずから本案について裁判をする

か、または係争の裁判を破棄しかつ第131条を準用してその事件を差し戻すことができる。さらに、抗告裁判所は、その裁判を破棄し、そして地方裁判所に当該所要の命令を委ねることもできる。下級審が、判決で裁判をしなければならなかったであろう事件について、判決でなく不適法にも決定で裁判をした場合には、抗告裁判所はその決定を破棄しかつその事件を差し戻さなければならない。

第151条〔異議の申立て〕

　当該裁判所の裁判を求める申立て（いわゆる異議の申立て）は、第151条に限定列挙されている裁判のひとつを同一の裁判所によって再審査することを、その目標としている。その限りにおいて、異議の申立ては、上訴でない。むしろ、異議の申立ては、本条で直接にではない、裁判所の裁判に対してはじめてみとめられる抗告に代えて、第151条であげられた裁判について第146条によりなされる、その他の法的救済である。

　異議は、第163条により費用確定の決定（第162条）に対しても申立うる。裁判長の裁判に対して、当事者は、第171条、民事訴訟法第150条により、裁判所に提訴する権利を有する。

第152条〔最高裁判所への抗告の禁止〕

　決定は、通例、判決のように射程距離の長い意義を持たない。それゆえ、職業裁判官3人および市民裁判員2人からなる高等裁判所の構成およびかれらに前提とされる高い能力を考慮するならば、最高裁判所への抗告を遮塞することができる。これにより、最高裁判所の負担を著しく軽減することが達成できるだろう。

　この条文は、最高裁判所の負担軽減のために、高等裁判所の

裁判および抗告裁判に対する抗告を原則として、明文でもって挙げられたケースについてのみ、許しており、したがって、これはいかなる法律上の誤りが責問されているかにかかわらないし、また、本案について最高裁判所への上訴がみとめられているかにもかかわらない。したがって、抗告が排除されている限りにおいて、もし禁止されてはならず抗告を根拠づけることになるであろう誤りは、上告の枠内において審査されなければならない。

第4章　再　審

第153条〔再　審〕

　第153条によれば、判決、略式判決（第78条）または手続を完結する決定によって締結し、既判力の生じた、行政裁判手続の再審は、民事訴訟法第338条から第349条までの規定による再審の訴え（無効の訴えないし回復の訴え）についてと、同じ前提要件のもとで、許される。

　再審の訴え——ないしは再審の申立て——は、一方で一定の重大な手続上の瑕疵を犯した手続において当該裁判がおこなわれたケースについては、確定判決（既判力のある判決）の除去およびあたらしい弁論と裁判をその目標とする（第338条第1項第1号ないし第3号、第341条、いわゆる無効の訴え）、かまたは、他方で、当該裁判が正しくない間違った、もしくはさもなければ一定の態様で瑕疵のあるまたは不十分な判決の基礎であるケースについては、確定判決の除去およびあらたな弁論と裁判をその目標とする（第338条第1項第4号ないし第7号、第341条、いわゆる原状回復の訴え）。この規定は——第52条の場合と類似して——法治国原則において根拠づけられている実体的正義の究極的理念に対する法的安定性および法的平和の究極的理念の

衡量に基づいている。

　第153条は、第171条民事訴訟法第389第1項第8号によって補完されている。第173条経由で、民事訴訟法第338条第1項第8号を類推適用して行政事件訴訟法においても、事情の変更がある場合に変更の訴えは、適法である。

　再審の訴え——ないし決定手続においては再審の申立て——は、上訴ではなく、異例な法的救済であり、これは、当該攻撃をうけた裁判の既判力を除去し、そして瑕疵のある裁判をあらたな瑕疵のない裁判におきかえることを目指している。

　しかし、目標と手続は、その他の点では大幅に通常の上訴の場合の目標と手続に一致している。

　再審原告は再審の訴え（再審の申立て）をもって、旧判決（旧決定）を遡及して取消すそうした訴訟上の形成判決（ないし訴訟上の形成決定）並びにあたらしい本案裁判を要求する。再審の訴え自体は移審効も遮断効もまたない。とはいえ、裁判所は再審当事者の申立てにより、第165条および民事執行法の規定に基づき、係争裁判に基づく強制執行を仮に中止することができる。

　再審の手続は三段階でおこなわれる。一は、再審の適法性、二は、再審に係る主張の理由の有無の審査、三は、事件についてのあらたな弁論と自制。

　裁判所は、前の段階が審査されており、かつ肯定の結果が得られたときはじめて、それぞれ次の段階に進んでよい。とくに、裁判所は、適法性審査の枠内において、はやくも再審の実体法上の要件を審査してはならない。

　さらに、詳細に述べるなら、再審の訴え（ないし申立手続においては再審の申立て）の適法性には、さらにそのうえに、一般の訴訟要件も妥当している。

第5編　費用および執行

第1章　費　　用

第154条〔費用負担義務の原則〕

　第154条第1項は、原則をたてている。すなわち、この法律に別段の定めがある場合を除いて、裁判所は、敗訴の側に対し、勝訴の側に生じた（そしてこの者によってひとまず立て替えられた）費用の償還義務を課さなければならない。

　この一般ルールは、費用法の一般原則に対応する。しかし、第1項にいう敗訴の当事者とは、第3項を比較参照すると、原則として原告または被告のいずれかであるが、職務による原告または被告（例えば、破産管理人、遺産管理人）を含む。

　第155条第3項ないし第5項の特別ルールは、第1項による費用分担ルールに優先する。

　訴訟参加人の費用負担義務に関しては、特別の規定が必要である。訴訟参加人の法的地位に応じ、訴訟参加人は、手続への参加の程度のみに従い費用を負担しなければならない。

第155条〔一部勝訴・取下げ、回復、移送、故意過失の場合の費用負担義務〕

　この条文は、第154条第1項の基本思考を、一部敗訴の場合にも適用されている。これは民事訴訟法第64条に対応する。第154条第1項の場合と異なり、ここでの当事者のもとでは、訴訟参加人が申立てまたは上訴を提起していたときには（参照、第154条第3項）、原告被告のみならず、訴訟参加人もまた理解されなければならない。なぜなら、訴訟参加人の申立てが成果

のなかったときに、その訴訟参加人に費用を分担させることができるが、これに対し、一部成果のないとき、まったく費用を分担させることができないという理由は、ないからである。

勝訴もしくは敗訴があるのか否か、またはどの程度そうなのかは、訴訟物全体との関係により、決めなければならない。

第156条〔即時認諾の場合の費用負担義務〕

この条文は、被告が、訴えを誘発したのではなく、当該求められた給付（最広義）をなす用意があり、かつそのうえ原告の請求を即時に認諾する場合に、その被告に費用負担を課さないように保護している。

必要要件（訴えを誘発しないことおよび即時認諾）は、重畳的にみたされなければならない。すなわち、例えば、訴え提起の誘因があらかじめいずれにせよ存在していたときは、即時認諾だけでは、必要要件は具備されない。その他、第156条の適用要件は、当事者が訴訟物の処分権をもっていないこと、したがって認諾もできなかったであろうことである。第156条は、即時の訴え放棄の場合にも準用しうる。

第156条からは間接的に次のことも明らかになる。原告（ないし申立人）があらかじめ所轄行政庁に相応の申立てをしたが成果の無かった場合、またはあらかじめ被告（ないし申立人）と申し合わせて解決できなかった場合には、その原告（ないし申立人）はいずれにせよ通常は権利保護の利益を否認されることはない。

第156条は、放棄判決（第104条、第171条、民事訴訟法第266条第1項）にも準用できる。その他にも、第72条第5項、第73条第3項および第121条による独立の申立手続にも準用できる。

被告が申請または不服申立を期間内に認容しないことによる、取消および義務づけの訴えについては、第160条第3項の特別規定が通常第156条の適用を排斥している。

法的紛争がすでに訴訟係属したことがあり、かつその後に、全会一致による解決宣言、または解決宣言が一方的になされるときは、本案解決についての裁判所の確認によって、終了した場合には、訴訟類型（もしくは、申立手続の場合には申立類型）を問わず、第156条は適用できない。この場合には、費用は第160条第2項により裁判をしなければならない。

第157条〔費用裁判に対する取消請求〕

第157条第1項は、訴訟経済の理由から、本案についての上訴が同時に提起されていない場合に、費用裁判を単独で不服の申立てをすることを間接的に排斥している。本条は、費用裁判が結局のところ本案裁判に依存しているから、上訴裁判所が、取消請求をうけていない本案裁判（第1項）をもつねに一緒に事後審査しなければならないことを避けることを、その従たる目的とする。

費用裁判は、第1項によれば、通例、本案裁判に対する上訴の枠内においておよび本案と一緒にのみ、取消請求することができる。この場合において、本案の上訴が適法であることが、前提要件である。とくに、上訴人が費用裁判によってのみならず、本案についても不服であることが、前提である。

第2項は、同じく訴訟経済の理由から、そしてとりわけ本案以外の裁判についての裁判所の負担軽減のために、第1項の規定をその他の費用裁判に拡大している。しかし、第158条と異なり、費用裁判に関して、費用裁判に対するいわゆる特別抗告は、法律違反のとき、考えうる。

第2部 提案理由

第158条〔共同訴訟の場合の費用負担義務〕

1つの裁判が複数の者に対して統一的に下されうるそうしたあらゆるケースについて、連帯債務者による費用責任は可能である。これにより、勝訴した当事者側に、費用の償還に関してより大きな保証が与えられるべきである。

この条文は、複数の者が費用負担義務を負う場合について、費用の分担を規定する。その際、かれらが敗訴したものとして、第154条第1項またはその他の条文、例えば、第155条第3項第5項または第157条により費用負担義務を負っているか否かは、重要でない。費用の一部に関して複数の者が費用負担義務を負っている場合に、この部分について第158条を適用する。

複数の者が費用償還請求権を有しているケースは、規定されていない。この場合は、たとえ判決で本案が連帯債権者として説示されていたとしても、各費用債権者ごとにそれぞれに裁判されなければならない。それ故、1人の共同訴訟人の裁判外費用を相手側が負担しなければならない場合、その共同訴訟人はその相手側からその共同弁護人の費用のうち、相応の割合についてのみ償還請求することができる。その相応の割合とは、他の共同訴訟人との割合においてその者にかかる割合をいい、したがって通常は当該相当の部分だけをさす。

第159条〔和解の場合の負担〕

第159条の規定は、和解のなかで費用について規定がなされていないケースについてのみ、補充的に適用される。この場合において、費用について特別な裁判所の言い渡しもまた必要でない。費用の確定は、その和解に基づいて直接に行うことができる。これに対し、ある和解が明文をもって本案に限定されている場合、費用の配分は第159条でなく、第160条第2項が適

用され、そして費用の確定は第160条第1項により裁判所の決定で行われなければならない。

同様に、第159条は、和解に参加せず、またその和解を承諾しなかった訴訟参加人の裁判外費用に直接には適用できない。ただし、その和解が、この費用についてなんの規定も定めていない場合は、その限りでない。このケースでは、訴訟参加人の費用について、第160条第2項、第161条第3項により裁判をする。第161条第3項により訴訟参加人が分担した裁判外の費用は原告被告それぞれ折半する範囲に限り、第159条が準用されなければならない。ただし、原告被告が和解のなかで別段のことを合意していた場合では、その限りでない。

第160条〔費用裁判・解決・不作為の訴え〕

第161条第1項は、係属中の独立の手続を終結する裁判所の基本的な裁判（判決、決定）について、次のことを定めている。すなわち、裁判所は職権により同時に費用および場合によっては訴訟代理人の裁判外の費用（第161条第3項）を裁判しなければならない。

この条文は、判決により終結する手続のほかに、例えば、第72条第5項、第121条、第96条第2項または第38条、第39条による独立の決定手続にも適用される。また、原則として係属中の事件に関する決定手続にも適用される。さらには、原則として係属中の事件に関する終局裁判のない手続、例えば訴えの取下げ（第88条第2項）による手続の終了の場合にも、この条文は適用される。控訴の取下（第126条第2項）または上告（第141条第2項）の取下げ、双方による解決宣言（第160条第2項）にも第160条第1項は適用される。これに対して、この条文は、和解による手続の終結には原則として適用されない。

第 161 条〔償還を受ける費用〕

　第 161 条は、いかなる費用が償還義務を負うかの問題を規定する。第 160 条第 1 項、第 154 条以下により裁判所の費用裁判の定めるところにより権利を与えられた当事者（費用債権者）は、費用負担義務を負う当事者（費用債務者）から償還しうる。

　この条文は、裁判費用、すなわち裁判費用に関する法律に基づき裁判所金庫に給付されるべき支払金、および、その訴訟に直接関連する当事者の支出（弁護士費用、口頭弁論への交通費など）にのみ適用される。

　しかし、訴訟と密接な関連のない措置（例えば弁護士との初回面談）に関する、その他の裁判外の費用は、この条文に該当しない。

　同様に、従たる手続の費用、例えば本案手続とならんで実施される手続（第 72 条または第 121 条による）の費用または証拠担保手続の費用にも、第 161 条は、適用されない。本案手続と従たる手続が、一緒に実施される場合には、その費用は割合に応じて両方の手続に振り当てられなければならない。

　裁判所の手数料および立替金（裁判費用）は原則としてつねに全額償還義務を負うが、これに対し、その他の費用は、それが必要であったときかつその限りにおいて、または、裁判所がその償還を衡平の理由から命じるとき償還する義務を負う。

　第 2 項は、あらゆるケースについて、弁護士等の費用の償還を、受けることができるとしている。これにより、当事者が、法的紛争において有資格の法的代理人を用いることが容易になるであろう。最後に、このことはまた、行政権利保護をより実効的なるものにするのに貢献する。行政裁判所における争訟の性質に対応して、適格行政法学者および法律補佐人の費用、租税事件における税理士の費用もまた、償還を受けることができ

ることが明確にされている。

　償還債権者がその者の訴訟代理人に消費税を支払った場合において、この消費税は、その償還債権者が仕入税額控除権を有しているとき、償還義務の対象となりえない。

　原告の請求が却下される場合を除き、国等は第161条第2項ただし書きにより費用償還請求権を有しない。裁判諸制度の利用が不必要と思料される具体の場合に、却下の裁判がなされる。このケースでは、被告の国等は費用償還請求権を行使しえてしかるべきであろう。本草案のもとでは、訴訟要件が緩和されているので、却下の裁判はこれまでに比し、減少するであろう。他方、行政法分野における国民の権利意識を助長し、行政裁判へのアプローチから裁判費用という障壁を取り除くには、国等の費用償還請求権は、原告側の勝訴率と実効的権利保護が十分に改善するまで当分の間、封印しておくこととする（片面的敗訴者負担）。

　何らかの理由で成立する損害賠償請求権は、第161条によって影響をうけない。

　当事者の支出（第1項）とは、1人の当事者自身がその法的紛争と直接関連している固有の費用、ならびに当事者がその者の訴訟代理人に支払った手続手数料および立替金をいう。

　本規定は、不服申立前置手続で生じた費用を一緒に算入されていない。なぜなら、不服申立前置手続が行政手続であって裁判手続ではなく、それゆえ、費用負担義務および費用償還義務は、成立しないといわなければならない。

第162条〔費用の確定〕

　当事者相互の関係で償還される費用の確定は、裁判所の費用裁判に基づいて、裁判所書記官の費用確定決定で、おこなわれ

る。

第163条〔費用確定の異議の申立〕

　この条文は、裁判所に対する第151条による異議の申立を、第162条による裁判所裁判官の費用確定決定に対する法的救済とみなしている。第165条は、裁判費用の算定式の取引請求および訴額の確定に適用されない。

　費用確定を求める申立てとの関連においてはじめて成立し、したがって費用確定決定においてまだ裁判されていないそうした、費用は、異議の申立によってではなく、費用確定を求めるその他の申立てによってのみ、主張されなければならない。

　行政事件訴訟法は、その第163条ないし第168条において、判決およびその他の債務名義の執行について若干の特別規定を置いている。その他については、第1項は民事執行法を参照させている。

　第1項を経由して、民事執行法の特別な法的救済もまた、債務名義（第164条）に基づく強制執行に対して起こすことができる。

　とくにその強制執行の種類と態様に対する異議の申立、執行予防の訴え、第三者異議の訴えならびに強制執行の仮の中止を求める訴えおよび優先の訴えがそれである。しかしながら第1項の引用する民事執行法が即時抗告を定めている場合には、その即時抗告ではなく、第146条以下による抗告が用いられうる。

　行政事件訴訟法による執行は、民事訴訟法による執行の場合と同様に、執行債権者の相応の申立て、債務名義、その他原則として執行文ならびに債務名義と執行文の送達を前提要件とする。

第164条〔訴訟上の救助〕

　当事者は、行政事件訴訟においても、民事訴訟におけると同一の前提要件に基づいていわゆる訴訟費用扶助請求権を有する。その限りにおいて、第164条は、民事訴訟法第82条から第86条までの規定を参照させている。裁判手続のほかでは、法律相談費用のみが考えられている。

　訴訟救助権を認める決定に対して不服を申立てることができない旨が、明文でもって規定されている。全ての上訴と同様に、抗告もまた不服をその前提としている。申立人の相手方は、たしかに、訴訟救助権が拒否されることで利益を受けるかもしれないが、しかし、訴訟救助権が認められることにより、その相手方が訴訟法上の意味において不服となることにはならない。

第2章　執　　行

第165条〔適用規定・管轄・仮の執行権〕

　行政事件に係る判決が極めて効果的に執行されることは、首尾一貫した権利保護にとって不可欠な前提要件である。例えば、行政庁が消極的態度をとるため、または執行自体の形態が不備であるため、行政専門部の判決が執行されないことがあり得る。この可能性は、しかし、憲法第32条に基づく包括的な権利保護の要請とは相容れない。判決の実行が保障されない限り、その権利保護は不完全でしかない。それゆえ、草案は、民事執行法の規定を適用できると宣告している。そして、この規定は、ほとんど変更を加えられることなく行政事件訴訟のために承継することができる。本規定の基本的特徴については、素人さえ知っている。

　取消の訴えおよび義務づけの訴えに対し下される判決に関し

ては、仮の執行力は必要ではない。取消判決は、形成判決であるから、費用の点でのみ執行できる。しかし、行政行為の発給を命じる義務づけ判決にとっても、仮の執行力は本質的に不要である。なぜならば、仮執行は条件付のものでしかなく、これに対し、高権的活動はおおよそ条件を付すのに親しまないからである。原告の利益は、終局裁判に至るまでは、第121条の仮処分命令により、十分に考慮することができる。

行政事件訴訟法は、その第165条から第170条までの規定において、判決の執行およびその他の債務名義（第166条）に関してわずかな特別な規定を定めているだけである。その他、第1項は、民事執行法を参照させている。

この条文は、第166条および第168条とを比較すれば明らかになるように、私人たる執行債務者に対する執行にのみ、かかわっている。公法上の権利主体（公共団体）に対する執行には、それが公法上の他の権利主体のために行われる場合であっても、もっぱら第166条および第168条または第163条、民事執行法が適用される。

第166条〔債務名義〕

この条文は、金銭債権を理由とする第166条による債務名義から、行政機関に対する執行を規定してる。第166条第1項から第3項までの規定は、公法上の権利主体（公共団体）が公法上の契約における（問題となっている）債権に関して即時執行に服した場合の、金銭債権の執行にも類推適用される。執行は、第166条第3項によって、できるだけ強制措置を不要にさせる特別な催告手続を介在させている。

この条項の適用をうける対象は、金銭給付を命じる、すべての給付判決、しかしまた費用確定決定および第168条による罰

金決定ならびに仮処分命令である。これに対し、第166条は、たとえ義務づけ判決が金銭給付を対象とする行政行為の発給に向けられているときにも、第111条第5項による義務づけの判決にも適用できない。これに対し、金銭の払戻を求める結果排除請求権が取消判決に結びついている場合に、第166条は特別規定として第168条に優先する。

さらに、行政庁がたしかに義務づけ判決に基づく義務を履行し、そして原告に対しその原告に負っている金額を行政行為によって認諾するが、しかしそれでも支払ケースについても、第166条は適用されない。ここでは、執行は問題ではなく、むしろ、——利害関係人が行政行為の発給を求める訴えによって、第111条第1項第2文に従って、同時にその行政行為の執行をも訴求している場合を除いて——その利害関係人は、必要な場合、その行政行為を根拠として、その行政庁に対し支払を求める訴えを提起し、そして認容判決をはじめて第166条により執行することができる。

第166条による執行手続はひとつの独立の決定手続である。この手続においてとりわけ第154条以下に基づき費用について裁判をしなければならず、またその手続において執行債権者はかれの申立を第88条を類推して取り下げたりまたは本案を解決されたと宣言することもできる。

第167条〔公法上の権利主体のための執行〕

この条文は、第167条、第168条第1項ないし第3項により行政機関のための執行および行政機関に対する執行について、執行文の要件をまぬがれさせている。この場合には、したがって、執行の根拠として債務名義の原本だけで十分である。

その他、執行文は、判決、決定または裁判上の和解に付され

る費用の確定決定の場合には、債務名義の原本に基づいて執行されるとき、必要でない。同様に、仮処分命令の場合にも、同様である。ただし、債務名義人以外の第三者のための執行および第三者に対する執行がおこなわれるべき場合は、その限りでない。

しかし、権利主体に対してではなく、第53条第2号により当事者となりうる機関に対し、または第53条第3号により当事者となりうる行政庁に対し（これらはみずから費用の負担者たりえない）、執行されるべきである場合には、執行文は必要である。

第168条〔公法上の権利主体に対する執行〕

本条の規定によれば、裁判所は、金銭債権ゆえに国、地方公共団体等に対し執行すべき場合、その都度執行機関を特定しなければならない。行政機関（öffentliche Hand）による財産管理の特殊性を考慮に入れることができるように、執行手続の開始の前に、当該行政庁は執行を回避するため、行為を中断しなければならない。このことは必要でもある。なぜなら、行政庁に裁判所の裁判を遂行させるには常に強制が必要であるとすれば、そのことは絶えず国家の威信および行政に対する公衆の信頼を損なうからである。

この条文は、判決が、第111条第1項第2文または第5項による認容判決に則した内容を有する限り、第111条第1項第2文による結果排除を求める判決の執行、第111条第5項による義務づけの判決の執行および仮処分命令（第121条）の執行に関する特別規定である。

第168条の適用可能性に関しては、行政庁が公権力の担い手して当該法的紛争を扱ったか否かは、重要ではない。なぜなら

ば、このことは、行政機関に対する強制執行の諸問題にとって、何ら区別をする意味合いを持たないからである。しかし、行政庁以外の当事者または行政庁によって代理されていない当事者は、すべて私人として扱わねばならない。この当事者に対する強制執行は民事訴訟法の規定に基づき行われる。同一の規定が、公法上の銀行および金融機関に関しても行われている。

第169条〔執行文〕

この条文は、第167条、第168条第1項ないし第3項による行政機関のための執行または行政機関に対する執行を執行文の必要要件を免除している。かくして、この場合には、執行の根拠として債務名義の執行証書だけで十分である。

その他、執行文は、判決決定または裁判上の和解に付される、費用確定決定、ならびに仮処分命令について必要でない。ただし、その執行が、債務名義に記載された者以外の者のためにまたはその者に対して行われるべき場合は、その限りでない。

執行が権利主体に対してではなく、第54条第2号により当事者能力を有する機関または第54条第3号により当事者能力を有する行政庁で、みずから費用負担者でないものに対して、行われる場合には、執行文は必要である。

第170条〔行政庁に対する罰金刑〕

本規定は、義務づけ判決の実行を確実に保証するものである。これに対し、そのような規定は、必要以上に、行政の威信を傷つけているとする異議が唱えられるかもしれない。しかし、そのような異議は決定的なことではない。ただ強制罰が実際に行政に科されなければならない場合に限り、行政の威信は、傷つけられる。これを回避するか否かは、行政の掌中にあり、行政

次第である。行政庁が裁判所判決に従うことは、もちろん、法治国家においては自明のことといわなければならないであろう。しかし、例外的な場合であるにしても、行政庁に対してさえも強制なしではうまく行かないことがあることは、まさに近年の経験が教えていることである。

　この条文は、第111条第1項第2文による結果排除を求める判決の執行、第111条第5項による義務づけ判決の執行および第121条による仮処分命令の執行のための特別規定である。ただし、これらの判決が、第111条第1項第2文または第5項による認容判決に相当する内容を有する限りにおいてである。

　最上級の国行政庁および最上級の地方公共団体行政庁を例外とすることは、正当化し得る。なぜならば、これら最上級の行政庁は、直接、議会の統制に服しているからである。

第6編 経過規定

第171条〔民事訴訟法および裁判所法の準用〕

第172条〔行政裁判所〕

第173条〔憲法裁判所〕
　日本国憲法の施行後に公付されたすべての法律の違憲性の確認については、憲法裁判所は排他的裁判権を有する。

第174条〔最高裁判所規則への委任〕

第175条〔執行期日〕

事項索引

[あ]

新しい説明と証拠方法 ……57,211
新たな提出 ……………………56,209

[い]

異議の申立 …………………66,225
移送の効果 …………………10,116
移　送 ………………………68,229
一部勝訴 ……………………68,229
一部判決 ……………………6,186
一般的手続規定 ……………19,135
引用判決 ……………………58,213

[う]

訴え
　――の客観的併合 ………11,124
　――の主観的併合 ………23,142
　――の請求に対する拘束　38,167
　――の提起 ………………33,159
　――の取下げ ……………39,170
　――の変更 ………………39,169
　義務づけの―― …10,47,117,188

[か]

解　決 ………………………70,233
解釈規定 ……………………1,87
解　任 ………………………5,101
回　復 ………………………68,229
確認の訴え …………………11,123
仮処分 ………………………52,199
仮処分命令 …………………52,199
仮の執行権 …………………71,237
過　料 ………………………8,103
管轄裁判所の指定 …………18,134
管　轄 ……………34,71,161,2375
関連請求 ……………………39,171

[き]

期　間 ……………20,62,137,219
期間徒過の原状回復 ………21,139
規範統制手続に関する高等裁判所
　の管轄 ……………………13,128
共同訴訟の場合の費用負担義務
　　……………………………69,232
共同代理人 …………………25,146
許可抗告 ……………………65,222
拒否事由 ……………………17,101
記録の閲覧 …………………44,178
義務づけの訴え ……10,47,117,188
行政計画統制手続に関する高等裁
　判所の管轄 ………………15,130
行政裁判権 …………………1
行政裁判所 …………………73,243
行政裁判権のある裁判所と審級
　　……………………………1,90

245

事項索引

行政事件 …………………………10
　——の分配 ………10,18,104,113
　——の管轄 ………………18,104
行政庁
　——に対する罰金刑 ……73,241
　——の教示義務 …………11,126
　——の裁量 ………………49,190
　——の手続行為に対する権利救
　　　済 …………………11,126
　——の文書提出義務 ……42,175
行政命令 ……………………………14

[く]

「国　等」……………………………1

[け]

経過規定 ……………………73,243
形　式 ………………………62,219
結社禁止の訴えに関する手続の中
断 ……………………………16,132
決　定
　——による裁判 …………66,224
　——による全会一致の裁判
　　　………………………58,212
　——の準用規定 …………52,198
憲法裁判所 …………………74,243
兼務裁判官 ……………………4,97
権利救済の教示 ……………20,137
原因判決 ……………………47,186

[こ]

故意過失の場合の費用負担義務
　………………………………68,229
抗　告 ………………………65,222
　——の提起 ………………65,222
　——の適法性 ……………65,223
控　訴 ………………………54,205
　——の受理 ………………54,206
　——の受理手続 …………54,207
控訴禁止の場合の上告 ……60,217
控訴手続 ……………………54,207
高等裁判所
　——での市民裁判員 ………8,103
　——に属する部の構成 ……3,93
　——の審級管轄 …………12,127
　——への移送 ……………66,223
口頭弁論主義 ………………44,179
口頭弁論調書 ………………45,181
口頭弁論
　——の進行 ………………44,180
　——の準備 ………………36,164
公法上の権利主体に対する執行
　………………………………72,240
公法上の権利主体のための執行
　………………………………72,239
候補者名簿 …………………7,102

[さ]

最高裁判所規則への委任 …74,243
最高裁判所
　——の管轄 ………………15,131
　——への抗告の禁止 ……67,225
再　審 ……………54,67,205,226
裁判官 …………………………3,95

事項索引

裁判所 …………………………1,89
　——の構成 ………………1,89
裁判所職員の除斥及び忌避 19,135
裁判所法の準用 ……………73,243
債務名義 ……………………71,238
参加人の地位 ………………24,145

[し]

施行期日 ……………………75,243
市町村 …………………………7
執行文 ………………………73,241
執　行 ………………………71,237
執行停止効果の消滅及び継続
　………………………………32,159
執行停止の効力 ……30,66,155,224
司法共助及び行政共助 ………3,94
市民裁判員の員数 ……………7,102
市民裁判員 ………………1,4,98
終結判決 ……………………45,183
終身任命 …………………3,95,97
始審かつ終審の最高裁判所の管轄
　………………………………16,132
出訴期間 ……………………28,152
償還を受けうる費用 ………70,234
障害事由 ……………………16,100
証拠収集の当事者開示 ……42,174
証拠調べ ……………………42,175
　直接の—— ………………42,174
証拠方法 ……………………57,211
証拠申出 ……………………35,164
招集順序と予備名簿 …………8,102
職権探知主義 ………………35,164

審理の範囲 …………………56,209
時期に遅れた攻撃防御方法の排除
　………………………………37,166
事　件 …………………………8
　——の分配 ………………8,112
　——の分配についての裁判 9,112
事実の訂正を求める申立て 51,196
事情判決 ……………………46,185
受託裁判官 ……………………4,98
受理理由 ……………………54,206
巡回部 …………………………2
準備書面 ……………………35,164
準備手続における裁判 ……37,165
自由心証主義 ………………45,183
上　告 ………………………58,214
上告手続 ……………………63,221
上告についての裁判 ………63,222
上告の受理 …………………58,214
上告理由 ……………………61,217
上　訴 ……………15,54,131,205
情報提供義務 ………………42,175
除斥事由 ……………………4,100

[せ]

選　任 …………………………6,101
選任委員会 ……………………6,102
選任手続 ………………………7,102
専門部の設置と廃止 …………2,91
絶対的上告理由 ……………61,219

[そ]

送　達 ………………………19,135

247

事項索引

即時執行命令 …………………30,155
即時認諾の場合の費用負担義務
　……………………………69,230
訴訟行為能力 …………………22,141
訴訟係属 ………………………39,169
訴訟参加 ………………………23,143
　――の不許 …………………63,221
訴訟上の救助 …………………71,237
訴訟代理人 ……………………24,145
訴　状
　――の送達 …………………35,163
　――の内容 …………………33,161

[た]

多数当事者手続における公示送達
　……………………………19,136
単独裁判官 ……………………2,93
第1審裁判所における手続　33,159

[ち]

地方裁判所
　――に属する部の構成 ……2,92
　――による更正 ……………66,223
　――の事物管轄 ……………11,126
　――の土地管轄 ……………16,133
中間判決 ………………………46,183
聴　聞 …………………………27,150
直接の証拠調べ ………………42,174

[て]

適合要件の審査 ………………63,221
適用規定 ………………………71,237

手　続 …………………………19,135
　――の中断 …………………41,172
　――の併合 …………………39,171

[と]

当事者 …………………………23,141
当事者能力 ……………………22,140
土地管轄 ………………………16,133
取消しの訴え ………10,47,117,188
　――の対象 …………………29,155
取下げ …………………56,63,207,220
独　立 …………………………1,89

[な]

内閣総理大臣の異議 …………53,203
内部行為統制手続に関する高等裁
　判所の管轄 ………………12,127

[に]

二重効果を有する行政行為の場合
　の仮の権利保護 …………32,159

[は]

破棄差戻し ……………………57,212
判　決 …………………………45,183
　――の告知と送達 …………49,193
　――の実質的既判力 ………52,197
　――の訂正 …………………51,194
　――の補充 …………………52,197
判決裁判所の構成 ……………47,187
判決書の形式と内容 …………50,194
判事補 …………………………4,98

事項索引

反　訴 …………………38,167

[ひ]

被　告 …………………29,154
必要的訴訟参加 …………23
飛躍上告 ………………59,216
費　用 …………10,68,116,229
　——の確定 …………70,235
　——の裁判に対する取消請求
　　……………………69,231
費用確定の異議の申立 ……71,236
費用裁判 ………………70,233
費用負担義務の原則 ………68,229

[ふ]

不行為の訴え ………28,70,153,233
不受理抗告 ………54,59,207,215
附帯控訴 ………………56,208
不服審査裁決 …………27,151
　——の取消の訴え ………49,192
　——を要しない訴え ……28,153
不服申立前置手続 …………26,147
　——の開始 …………26,149,150
不服申立手続の排他性 ……29,155
不服申立の形式と期間 ……26,150
不服容認裁決 …………27,151
紛争事件の討議 …………45,181
分　離 …………………39,171
部 ………………………1

[ほ]

法的地位 ……………………4,99

補佐人 …………………24,145
補償手当 …………………8,103
本人出頭 …………………41,173
本務裁判官 ………………3,95,97

[み]

民事訴訟法 ………………73,243

[も]

申立てに対する拘束 ………57,211
モデル手続 ………………40,172

[よ]

要　件 ……………………4,99
呼　出 ……………………44,179
予備名簿 …………………8,102

[り]

略式判決 …………………34,162
理由書提出 ………………62,219

[わ]

和　解 …………………45,182
　——の場合の負担 ………69,232

〈著者紹介〉

木村 弘之亮 (きむら こうのすけ)

1946 年　出生
1965 年　大阪府立大手前高等学校卒業
1969 年　慶應義塾大学法学部卒業
1973 年　慶應義塾大学法学部助手
1974 年　慶應義塾大学法学研究科博士課程修了
1976 年　同・専任講師
1981 年　同・助教授
1986 年　法学博士
1987 年　同・教授
1976〜8 年　ヘルツ財団奨励研究員としてケルン大学にて在外研究
1984〜5 年　フンボルト財団奨励研究員としてケルン大学にて在外研究
1993〜4 年　ケンブリッジ大学にて在外研究

〔主著〕

租税証拠法の研究（1987 年・成文堂）
租税過料法（1991 年・弘文堂）
多国籍企業税法（1993 年・慶應義塾大学）
ティプケ（原著）所得税・法人税・消費税（1988 年・木鐸社・共訳）
法律学における体系思考と体系概念（1996 年・慶應義塾大学・代表訳）
行政法演習Ⅰ・Ⅱ（1995, 97 年・成文堂・編）
家族と税制（1998 年・弘文堂・共著）
租税法総則（1998 年・成文堂）
租税法学（1999 年・税務経理協会）
国際税法（2000 年・成文堂）

2001年行政事件訴訟法草案

2001（平成13）年5月29日　第1版第1刷発行
3062-0101

著　者　　木　村　弘　之　亮

発行者　　今　井　　　貴

発行所　　信山社出版株式会社
〒113-0033　東京都文京区本郷6-2-9-102
電　話 03（3818）1019
ＦＡＸ 03（3818）0344
henshu@shinzansha.co.jp

Printed in Japan

Ⓒ木村弘之亮、2001．印刷・製本／共立プリント・大三製本
ISBN4-7972-3062-2 C3332
3062-0101-012-100-010
NDC分類 323.901

19世紀ドイツ憲法理論の研究 栗城壽夫著 名城大学法学部教授 15,000円
憲法叢説（全3巻）1 憲法と憲法学 2 人権と統治 3 憲政評論
　芦部信喜著 元東京大学名誉教授 元学習院大学教授 各2,816円
社会的法治国の構成 高田 敏 著 大阪大学名誉教授 大阪学院大学教授 14,000円
基本権の理論（著作集1） 田口精一 著 慶應大学名誉教授 清和大学教授 15,534円
法治国原理の展開（著作集2）田口精一 著 慶應大学名誉教授 清和大学教授 14,800円
議院法［明治22年］大石 眞 編著 京都大学教授 日本立法資料全集 3 40,777円
日本財政制度の比較法史的研究 小嶋和司 著 元東北大学教授 12,000円
憲法社会体系 I 憲法過程論 池田政章 著 立教大学名誉教授 12,000円
憲法社会体系 II 憲法政策論 池田政章 著 立教大学名誉教授 12,000円
憲法社会体系 III 制度・運動・文化 池田政章 著 立教大学名誉教授 13,000円
憲法訴訟要件論 渋谷秀樹 著 立教大学法学部教授 12,000円
実効的基本権保障論 笹田栄司 著 金沢大学法学部教授 8,738円
議会特権の憲法的考察 原田一明 著 國學院大学法学部教授 13,200円
日本国憲法制定資料全集 芦部信喜 編集代表 高橋和之・高見勝利・日比野勤 編集
（全15巻予定）元東京大学教授 東京大学教授 北海道大学教授 東京大学教授
人権論の新構成 棟居快行 著 成城大学法学部教授 8,800円
憲法学の発想 1 棟居快行 著 成城大学法学部教授 2,000円　2 近刊
障害差別禁止の法理論 小石原尉郎 著 9,709円
皇室典範 芦部信喜・高見勝利 編著 日本立法資料全集 第1巻 36,393円
皇室経済法 芦部信喜・高見勝利 編者 日本立法資料全集 第7巻 45,544円
法典質疑録 上巻（憲法他）法典質疑会 編［会長・梅謙次郎］ 12,039円
続法典質疑録（憲法・行政法他） 法典質疑会 編［会長・梅謙次郎］ 24,272円
明治軍制 藤田嗣雄 著 元上智大学教授 48,000円
欧米の軍制に関する研究 藤田嗣雄 著 元上智大学教授 48,000円
ドイツ憲法集[第3版] 高田 敏・初宿正典 編訳 大阪大学名誉教授 京都大学法学部教授 3,000円
現代日本の立法過程 谷 勝弘 著 10,000円
東欧革命と宗教 清水 望 著 早稲田大学名誉教授 8,600円
近代日本における国家と宗教 酒井文夫 著 元聖学院大学教授 12,000円
生存権論の史的展開 清野幾久子 著 明治大学法学部助教授 続刊
国制史における天皇論 稲田陽一 著 7,282円
続・立憲理論の主要問題 堀内健志 著 弘前大学教授 8,155円
わが国市町村議会の起源 上野裕久 著 元岡山大学法学部教授 12,980円
憲法裁判権の理論 宇都宮純一 著 愛媛大学教授 10,000円
憲法史の面白さ 大石 眞・高見勝利・長尾龍一 編 京都大 北大 日大教授 2,900円
憲法史と憲法解釈 大石眞著 2,600 大法学者イェーリングの学問と生活 山口廸彦編訳 3,500円
憲法訴訟の手続理論 林屋礼二 著 東北大学名誉教授 3,400円
憲法入門 清水 陸 編 中央大学法学部教授 2,500円
憲法判断回避の理論 高野幹久 著［英文］関東学院大学法学部教授 5,000円
アメリカ憲法―その構造と原理 田島 裕 著 筑波大学教授 著作集 1 近刊
英米法判例の法理 田島裕 著作集 8 近刊 **イギリス憲法典** 田島裕訳著 2,200円
フランス憲法関係史料選 塙 浩 著 西洋法史研究 60,000円
ドイツの憲法忠誠 山岸喜久治 著 宮城学院女子大学学芸学部教授 8,000円
ドイツの憲法判例(第2版) ドイツ憲法判例研究会 栗城壽夫・戸波江二・松森健 編 予6,000円
ドイツの最新憲法判例 ドイツ憲法判例研究会 栗城壽夫・戸波江二・石村 修 編 6,000円
人間・科学技術・環境 ドイツ憲法判例研究会 栗城壽夫・戸波江二・青柳幸一 編 12,000円

信山社　ご注文はFAXまたはEメールで　FAX 03-3818-0344　Email:order@shinzansha.co.jp
〒113-0033東京都文京区本郷6-2-9-102　TEL 03-3818-1019

行政裁量とその統制密度	宮田三郎 著	元専修大学・千葉大学／朝日大学教授	6,000円
行政法教科書	宮田三郎 著	元専修大学・千葉大学 朝日大学教授	3,600円
行政法総論	宮田三郎 著	元専修大学・千葉大学 朝日大学教授	4,600円
行政訴訟法	宮田三郎 著	元専修大学・千葉大学 朝日大学教授	5,500円
行政手続法	宮田三郎 著	元専修大学・千葉大学 朝日大学教授	4,600円
行政事件訴訟法（全7巻）	塩野 宏 編著	東京大学名誉教授 成溪大学教授	セット 250,485円
行政法の実現（著作集3）	田口精一 著	慶應義塾大学名誉教授 清和大学教授	近刊
租税徴収法（全20巻予定）	加藤一郎・三ケ月章 監修 青山善充 塩野宏 編集 佐藤英明 奥 博司 解説	東京大学名誉教授 神戸大学教授 西南学院大学法学部助教授	
近代日本の行政改革と裁判所	前山亮吉	静岡県立大学教授	7,184円
行政行為の存在構造	菊井康郎 著	上智大学名誉教授	8,200円
フランス行政法研究	近藤昭三 著	九州大学名誉教授 札幌大学法学部教授	9,515円
行政法の解釈	阿部泰隆	神戸大学法学部教授	9,709円
政策法学と自治条例	阿部泰隆 著	神戸大学法学部教授	2,200円
法政策学の試み 第1集	阿部泰隆・根岸 哲	神戸大学法学部教授	4,700円
情報公開条例集	秋吉健次 編		
個人情報保護条例集（全3巻）			セット 26,160円
（上）東京都23区 項目別条文集と全文			8,000円（上）-1,-2 都道府県 5760 6480円
（中）東京都27市 項目別条文集と全文			9,800円（中）政令指定都市 5760円
（下）政令指定都市・都道府県 項目別条文集と全文			12,000円（下）東京23区 8160円
情報公開条例の理論と実務	自由人権協会編		
内田力蔵著作集（全10巻）			近刊
上巻〈増補版〉5,000円 下巻〈新版〉6,000円 陪審制の復興 佐伯千仭他編 3,000円			
日本をめぐる国際租税環境	明治学院大学立法研究会 編		7,000円
ドイツ環境行政法と欧州	山田 洋 著	一橋大学法学部教授	5,000円
中国行政法の生成と展開	張 勇 著	元名古屋大学大学院	8,000円
土地利用の公共性	奈良次郎・吉牟田薫・田島 裕 編集代表		14,000円
日韓土地行政法制の比較研究	荒 秀 著	筑波大学名誉教授・獨協大学教授	12,000円
行政計画の法的統制	見上 崇 著	龍谷大学法学部教授	10,000円
情報公開条例の解釈	平松 毅 著	関西学院大学法学部教授	2,900円
行政裁判の理論	田中舘照橘 著	元明治大学法学部教授	15,534円
詳解アメリカ移民法	川原謙一 著	元法務省入管局長・駒沢大学教授・弁護士	28,000円
税法講義	山田二郎著		4,000円
市民のための行政訴訟改革	山村恒年編		2,400円
都市計画法規概説	荒 秀・小高 剛・安本典夫 編		3,600円
放送の自由			9,000円
行政過程と行政訴訟	山村恒年著		7,379円
政策決定過程	村川一郎 著		4,800円
地方自治の世界的潮流（上・下）	J.ヨアヒム・ヘッセ 著 木佐茂男 訳		上下：各7,000円
スウェーデン行政手続・訴訟法概説	萩原金美著		4,500円
独逸行政法（全4巻）	O.マイヤー 著 美濃部達吉 訳		全4巻セット：143,689円
韓国憲法裁判所10年史			13,000円
大学教育行政の理論	田中舘照橘 著		16,800円

信山社　ご注文はFAXまたはEメールで
FAX 03-3818-0344　Email order@shinzansha.co.jp

〒113-0033 東京都文京区本郷6-2-9-102　TEL 03-3818-1019　ホームページは　http://www.shinzansha.co.jp

信山社

ご注文はFAXまたはEメールで　　FAX 03-3818-0344
Email : order@shinzansha.co.jp
〒113-0033 東京都文京区本郷6-2-9-102　TEL 03-3818-1019

番号	書名	著者・価格等
2003	民事手続法の基礎理論	民事手続法論集 第1巻 谷口安平著
2004	多数当事者訴訟・会社訴訟	民事手続法論集 第2巻 谷口安平著
2005	民事紛争処理	民事手続法論集 第3巻 谷口安平著 A5判上製 11,000円
2006	民事執行・民事保全・倒産処理(上)	民事手続法論集 第4巻 谷口安平著 12,000円
2007	民事執行・民事保全・倒産処理(下)	民事手続法論集 第5巻 谷口安平著 近刊
2166	明治初期民事訴訟の研究	瀧川叡一著 4,000円 新刊
163	日本裁判制度史論考	瀧川叡一著 6,311円 ４６変 341頁 上製箱入
628	裁判法の考え方	萩原金美著 2,800円 ４６変 320頁 並製
789	民事手続法の改革	リュケ教授退官記念 石川 明・中野貞一郎編 20,000円
2118	パラリーガル	田中克郎・藤かえで著 2,800円 A5変 256頁 上製カバー
2125	法律・裁判・弁護	位野木益雄著 8,000円 A5判変 336頁 上製カバー
419	近代行政改革と日本の裁判所	前山亮吉著 7,184円 A5変 336頁 上製箱入カバー
850	弁護士カルテル	三宅伸吾著 2,800円 ４６変 211頁 並製ＰＰ
575	裁判活性論	井上正三ディベート集Ⅰ 井上正三著 9,709円 A5変 35頁 上製箱入り
605	紛争解決学	廣田尚久著 3,864円 A5変 402頁 上製カバー
2157	紛争解決の最先端	廣田尚久著 2,000円 四六変 184頁
9013	民事紛争をめぐる法的諸問題	白川和雄先生古稀記念 15,000円 A5変 660頁
5018	図説判決原本の遺産	林屋礼二・石井紫帆編 1,600円 A5 102頁 並製カバー
102	小山昇著作集(全１３巻セット)	小山昇著作集セット 257,282円
28	訴訟物の研究	小山昇著作集1 37728円 菊変 504頁 上製箱入り
29	判決効の研究	小山昇著作集2 12,000円 菊変 382頁 上製箱入り
30	訴訟行為・立証責任・訴訟要件の研究	小山昇著作集3 14,000円 菊変 380頁
31	多数当事者訴訟の研究	小山昇著作集4 12,000円 菊変 496頁 上製箱入り
32	追加請求の研究	小山昇著作集5 11,000円 菊変 310頁 上製箱入り
33	仲裁の研究	小山昇著作集6 44,000円 菊変 645頁 上製箱入り
34	民事調停・和解の研究	小山昇著作集7 12000円 菊変 328頁 上製箱入り
35	家事事件の研究	小山昇著作集8 35,000円 菊変 488頁 上製箱入り
36	保全・執行・破産の研究	小山昇著作集9 14,000円 菊変 496頁 上製箱入り
37	判決の瑕疵の研究	小山昇著作集１０ 20,000円 菊変 540頁 上製箱入り
38	民事裁判の本質探して	小山昇著作集１１ 15,553円 菊変 345頁 上製箱入り
39	よき司法を求めて	小山昇著作集１２ 16,000円 菊変 430頁 上製箱入り
109	余録・随想・書評	小山昇著作集１３ 14000円 菊変 380頁 上製箱入り
898	裁判と法	小山昇著作集 別巻1 5,000円 A5変 336頁 上製箱入り
1794	法の発生	小山昇著作集 別巻2 7,200円 A5変 304頁 上製カバー
55	訴訟における時代思潮	クライン F.・キヨベェンダ G.著 1,800円 ４６変 172頁
62	日本公証人論	植村秀三著 5,000円 A5変 346頁 上製箱入り
1791	やさしい裁判法	半田和朗著 2,800円 A5変 232頁 並製表紙ＰＰ
96	民事紛争解決手続論	太田勝造著 8,252円 A5変 304頁 上製箱入リ
103	比較訴訟法学の精神	貝瀬幸雄著 5,000円 A5変 312頁 上製箱入り

番号	書名	著者・価格等
172	体系アメリカ民事訴訟法	グリーンM 小島武司 他訳 13,000円 A5変 452頁 上製箱入り
374	要件事実の再構成（増補新版）	三井哲夫著 13,000円 A5変 424頁 上製箱入り
904	司法書士のための裁判事務研究・入門	日本司法書士連合会編 5,000円
552	民事紛争交渉過程論	和田仁孝著 7,767円 A5変 300頁 上製箱入り
814	民事紛争処理論	和田仁孝著 2,718円 A5変 29頁 並製カバー
569	多数当事者の訴訟	井上治典著 8,000円 A5変 316頁 上製箱入り
630	民事訴訟審理構造論	山本和彦著 12,621円 A5変 430頁 上製箱入り
685	国際化社会の民事訴訟	貝瀬幸雄著 20,000円 A5変 640頁 上製箱入り
860	裁判私法の構造	三井哲夫著 14,980円 A5変 450頁 上製PP
923	和解技術論	草野芳郎著 1,942円 46変 164頁 並製
989	民訴施行百年国際シンポ論文集（英文他）	民訴法施行百年 50,000円 46変 694頁 上製箱入リ
1501	韓国民事訴訟法	金祥洙著 6,000円 A5変 344頁 上製カバー
1516	改正新民事訴訟法と関連改正法［原文］	信山社編 5,000円 A5変 276頁 並製表紙
1569	証券仲裁	金祥洙著 5,000円 A5変 184頁 上製カバーPP
1588	国際訴訟競合	古田啓昌著 6,000円 A5変 323頁 上製箱入りカバーP
1659	民事訴訟の中の弁護士	那須弘平著 新堂幸司推薦文 近刊
1831	訴訟物と既判力 民事訴訟法論集（上）	小室直人（松本博之）9,800円 A5変 448頁 上製箱入
1832	上訴・再審 民事訴訟法論集（中）	小室直人（松本博之）12,000円 A5判変型 528頁 上製箱入
1833	執行・保全・特許訴訟 民事訴訟法論集（下）	小室直人著（松本博之）9,800円 上製箱入
1834	民事訴訟法論集（上）（中）（下）（3冊セット）	小室直人著 31,800円
1837	判決効と手続保障 民事訴訟法論集1	本間靖規著 近刊
1838	法人内部紛争法 民事訴訟法論集2	本間靖規著 続刊
1839	民事訴訟と損害賠償 民事訴訟法論集3	本間靖規著 続刊
2007	新世代の民事裁判	池田辰夫著 7,000円 A5変 263頁 上製カバー
2046	対話型審理	井上正三著 3,689円 A5変 416頁 上製カバー・栞入り
2104	民事紛争処理論	和田仁孝著 2,800円 A5変 312頁 並製カバー
2109	和解技術論	草野芳郎著 2,000円 46変 164頁 並製
2120	新民事訴訟法論考	高橋宏志著 2,700円 46変 252頁 上製カバー
2124	民事訴訟法・倒産法の現代的潮流1997年	民事訴訟法学会国際シンポジウム 民事訴訟法学会編 8,000円 A5変型 312頁
5130	民事裁判心理学序説	菅原郁夫著 8,571円 A5正 366頁 上製箱入り
9205	論点国際民事訴訟法＆民事訴訟法の改正点	馬越道夫著 3,000円
9206	講説民事訴訟法	遠藤功・文字浩著 3,400円 A5変 368頁 並製カバーPP
9223	みぢかな民事訴訟法	石川明編 2,800円 A5変 292頁 並製カバーPP
5140	民事訴訟法辞典	林屋礼二・小野寺規夫 編集代表 2,500円 432頁
27	証明責任論	竜嵜喜助著 6,000円 A5正 348頁 上製箱入り
2060	証明責任の分配［新版］	松本博之著 12,000円 A5変 460頁 上製箱入り
5062	わかりやすい民事証拠法概説	中野哲弘著 1,700円 A5正 198頁 並製
5063	わかりやすい民事訴訟法概説	中野哲弘著 2,200円 A5正 186頁 並製
5141	あたらしい民事訴訟法	林屋礼二著 1,000円 A5正寸 110頁 並製
2123	上訴制度の実務と理論	石田堯雄著 8,000円 A5変 34頁
3952	再審原理の研究	加波眞一著 7,600円 A5変 316頁 上製箱入り
0859	国際民事訴訟法の基礎理論	三井哲夫著 14,544円 A5判 470頁 上製
2008	日仏民事訴訟法研究	若林安雄著 9500円 A5変 306頁 上製カバー
2094	アメリカ民事訴訟法入門	ハザード著 谷口安平監訳 田邊誠他訳 4,800円 A5変 272頁

198 取締役倒産責任論　佐藤鉄男著　8,738円　A5変 330頁 上製箱入り
669 債務者更生法構想・総論　宮川知法著　14,563円　A5変 45頁 上製カバー
913 オッと危ない！カード破産　宮川知法著　1,942円　A5変 154頁 並製カバー
1620 消費者更生の法理論　宮川知法著　6,800円　A5変 376頁 上製
1857 破産法論集　宮川知法著　10,000円　A5変 448頁 上製カバー
1899 破産と会計　野村秀敏著　8,600円　A5変 304頁 上製カバー
5142 破産法講話　林屋礼二著　1,800円　A5判 204頁 並製カバー
2111 ドイツ強制執行法の改正　石川明著　6,000円　A5変 228頁 上製箱入り
2121 調停者ハンドブック　レヴィン小林久子著　2,000円　46変 208頁 並製表紙PP
2134 調停法学のすすめ　石川明著　2,800円　四六判 200頁
2152 調停ガイドブック　レヴィン小林久子著　2,000円　46版変型 194頁
2095 仲裁契約法の研究　高田昇治著　4,800円　A5変 218頁 上製箱入り
370 呪・法・ゲーム（3冊セット）　水谷暢著　5,340円　文庫判・並製

民事訴訟法　日本立法資料全集

0018　日本立法資料全集別巻001
穂積陳重立法関係文書の研究　福島正夫著　55,000円　A5変 566頁 上製箱入り

335　334日本立法資料全集別巻034-2
各国民事訴訟法参照条文　民事訴訟法典現代語化研究会　三ケ月章　29,126円　菊変 776頁

4514　日本立法資料全集別巻065
民事訴訟法正義［明治23年］（上-Ⅰ）　宮城浩蔵著　35,000円　A5変 670頁 上製

4515　日本立法資料全集別巻066
民事訴訟法正義（上-Ⅱ）　宮城浩蔵著　35,000円　A5変 688頁 上製箱入り

4516　日本立法資料全集別巻067
民事訴訟法正義［明治23年］（下-Ⅰ）　亀山貞義著　30,000円　A5変 532頁 上製

4517　日本立法資料全集別巻068
民事訴訟法正義［明治23年］（下-Ⅱ）　亀山貞義著　30,000円　A5変 544頁 上製

4525　日本立法資料全集別巻075
民事訴訟法［明治23年］**述義**（第1編）　井上操著　30,000円　A5変 530頁 上製

4526　日本立法資料全集別巻076
民事訴訟法［明治23年］**述義**（第2編）　井上操著　30,000円　A5変 530頁 上製

251　日本立法資料全集 本巻049A
民事訴訟法［明治23年］**述義**（第3・4・5編）　井上操著　35,000円　A5変 580頁 上製

527　日本立法資料全集別巻077
民事訴訟法論綱（第1・2巻）　高木豊三著　40,000円　A5変型 656頁 上製箱入り

4647　日本立法資料全集　別巻143
民事訴訟法論綱（第3・4巻）　高木豊三著　46,000円　A5変型 776頁 上製箱入り

302　日本立法資料全集別巻094　A5変判 上製箱入り
終戦後の司法制度改革の経過（4冊セット）　内藤頼博・司法研修所編　488,000円

303　日本立法資料全集別巻091　A5変判 552頁 上製箱入り
終戦後の司法制度改革の経過（総索引・第1分冊）　内藤頼博・司法研修所編 76,000円

304　日本立法資料全集別巻092　A5変判 796頁 上製箱入り
終戦後の司法制度改革の経過（第2分冊）　内藤頼博・司法研修所編　116,000円

305　日本立法資料全集別巻093　A5変判 1108頁 上製箱入り
終戦後の司法制度改革の経過（第3分冊）　内藤頼博・司法研修所編　160,000円

306　日本立法資料全集別巻094
終戦後の司法制度改革の経過（第4・5分冊）　内藤頼博・司法研修所編　136,000円

4646　日本立法資料全集　別巻142

民事訴訟法［明治36年草案］（全4巻セット）松本博之・河野正憲・徳田和幸編著 149,515円
219 日本立法資料全集　本巻043
民事訴訟法［明治36年草案］（1）松本博之　河野正憲　徳田和幸編著　37,864円
220 日本立法資料全集　本巻044
民事訴訟法［明治３６年草案］（2）松本博之　河野正憲著　33,010円
221 日本立法資料全集　本巻045
民事訴訟法［明治36年草案］（3）松本博之　河野正憲　徳田和幸編著　34,951円
222 日本立法資料全集　本巻046
民事訴訟法［明治36年草案］（4）松本博之　河野正憲　徳田和幸編著　43,689円
252 日本立法資料全集　本巻015A
民事訴訟法［大正改正編］（全6冊セット）松本博之　河野正憲　徳田和幸著　207,767円
213 日本立法資料全集　本巻010
民事訴訟法［大正改正編］1　松本博之　河野正憲　徳田和幸編著　48,544円
214 日本立法資料全集　本巻011
民事訴訟法［大正改正編］2　松本博之　河野正憲編　徳田和幸著　48,544円　680頁
215 日本立法資料全集　本巻012
民事訴訟法［大正改正編］3　松本博之　河野正憲　徳田和幸編著 34,951円　菊変 500頁
216 日本立法資料全集　本巻013
民事訴訟法［大正改正編］4　松本博之　河野正憲　徳田和幸編著 38,835円　菊変 560頁
217 日本立法資料全集　本巻014
民事訴訟法［大正改正編］5　松本博之　河野正憲　徳田和幸編著 36,893円　菊変 560頁
218 日本立法資料全集　本巻015
民事訴訟法［大正改正編］索引　松本博之　河野正憲徳田和幸編著　2,913円　596頁
269 日本立法資料全集　本巻066-A1
民事訴訟法［戦後改正編］（未完）松本博之編著　近刊　菊変 608頁 上製箱入り
263 日本立法資料全集　本巻061
民事訴訟法［戦後改正編］（1）松本博之　栂善夫編著　近刊　菊変 608頁 上製箱入り
254 日本立法資料全集　本巻062
民事訴訟法［戦後改正編］（2）松本博之編著　42,000円　菊変 608頁 上製箱入り
255 日本立法資料全集　本巻063
民事訴訟法［戦後改正編］（3）－1　松本博之編著　36,000円　菊変 522頁 上製箱入り
266 日本立法資料全集　本巻064
民事訴訟法［戦後改正編］（3）－2　松本博之編著　38,000円　菊変 544頁 上製箱入り
267 日本立法資料全集　本巻065
民事訴訟法［戦後改正編］（4）－1　松本博之編著　40,000円　菊変 580頁
268 日本立法資料全集　本巻066
民事訴訟法［戦後改正編］（4）－2　松本博之編著　38,000円　菊変 532頁 上製箱入り
248 日本立法資料全集　本巻047
会社更生法　［昭和27年］（1）位野木益雄編著　31,068円　菊変 450頁 上製箱入り
249 日本立法資料全集　本巻048
会社更生法［昭和27年］（2）位野木益雄編著　33,891円　菊変 496頁 上製箱入り

創刊予定　松本博之・徳田和幸 責任編集
民事訴訟法研究（仮題）　2002.3

信山社　ご注文はFAXまたはEメールで　FAX 03-3818-0344
Email : order@shinzansha.co.jp
〒113-0033 東京都文京区本郷6-2-9-102　TEL 03-3818-1019

ISBN4-7972-　　　　いつも離陸の角度で　　　　新刊案内13.5.21

基礎法・外国法を含む法律学の全分野に及ぶ、時代を超える日本法律学全集

法律学の森
―信山社創立10周年記念出版―

刊行の辞

小社は、1988年の創立以来、学術書を中心とした出版社として順調な経過発展を遂げることができました。これも皆様の御支援の賜と心より感謝申し上げます。

この間、研究の基礎資料としての『日本立法資料全集』、わが国法律学の古典としての『同・別巻』をはじめ、『学術論文集』『刑事法辞典』等を刊行して参りましたが、このたび、わが国の法学界を代表する諸先生の叡智と小社企画編集部の経験と知恵を結集して企画編集し、従来わが国では試みられなかった発想と方法で時代を画する本格的な体系書『法律学の森』を企画いたしました。

明治以来120数年、戦後50有余年を経て幾多の先人の基礎研究をもとに蓄積されてきたわが国の法律学の到達水準を確認しつつ、これからのわが国法律学を方向づけ一層の発展を期そうとするものであります。具体的には萌芽的研究、視点の転換を図ろうとする「問題提起性に満ちた研究」に注目して、その「成長点」を見出し、"独創的な知見・体系の生産"を促していこうとするものです。そして研究者層の拡大と充実を推進し、研究者、実務家、学生(学部学生・ロースクール生・大学院生)のニーズひいては、変容著しい時代に生きる一般国民の要請に応えようとするものです。

従いまして、時代と学問的に格闘する研究者の「独創性」を最大限に重んじる立場から、内容構成と執筆量にも十分配慮することと致します。また、従来の閉鎖的なピラミッド型ではなく、むしろそれぞれが開放的な「八ヶ岳」型の高峰として成長し、質・量ともに増している時代の新しい要請にも対応することを願って構想しております。

1998年10月　　　　　　　　　　　　　　　　　　　　　　　　信山社編集企画部

また、小社では「中国法律出版社」との提携により中国語出版もいたします。他の外国語出版も同様に行います。世界に向けて日本法学の発信にもご期待ください。　　　　　2001年5月21日

潮見佳男	**債権総論Ⅰ**(第2版)	続刊
潮見佳男	**債権総論Ⅱ**(第2版)	4,800円
潮見佳男	**契約法**	続刊
潮見佳男	**不法行為法**	4,700円
藤原正則	**不当利得法**	近刊

信山社　〒113-0033　東京都文京区本郷6-2-9-102　TEL 03-3818-1019　FAX 03-3818-0344
　　　　　order@shinzansha.co.jp　　　　　FAX注文制